Aprender e Transformar

Experiências de Sucesso

Ilustração da capa:
Detalhe do quadro ***Escola de Atenas***, do pintor renascentista Rafael Sanzio, que retrata os primórdios do desenvolvimento humano.

Aprender e Transformar

Experiências de Sucesso

GRUPO PROJETAR

QUALITYMARK

Direção Editorial	Produção Editorial
SAIDUL RAHMAN MAHOMED editor@qualitymark.com.br	**EQUIPE QUALITYMARK**
Capa	Editoração Eletrônica
EQUIPE QUALITYMARK	**SUELLEN BALTHAZAR**

CIP-Brasil. Catalogação na fonte
Sindicato Nacional dos Editores de Livros, RJ

A661

Aprender e transformar : experiências de sucesso / organização Cláudia Márcia Gomes de Oliveira. – 1. ed. – Rio de Janeiro : Qualitymark Editora, 2017.
392 p. : il. ; 21 cm.

Inclui bibliografia
ISBN 978-85-414-0326-9

1. Administração de pessoal. 2. Comportamento humano. 3. Desenvolvimento organizacional. I. Oliveira, Cláudia Márcia Gomes de.

17-44447 CDD: 658.3
CDU: 658.3

2017
IMPRESSO NO BRASIL

Qualitymark Editora Ltda.

Rua Teixeira Júnior, 441 – São Cristóvão
20921-405 – Rio de Janeiro – RJ
Tel.: (21) 3295-9800

www.qualitymark.com.br
E-mail: quality@qualitymark.com.br
Fax: (21) 3295-9824

A estruturação de um livro é o resultado do esforço concentrado de profissionais comprometidos com o desenvolvimento humano; o Grupo Projetar foca o seu potencial e recursos para fazer desta visão uma realidade, empreendendo sua missão para buscar desafios facilitadores da aprendizagem.

Temos como princípios uma convivência pautada por dois focos básicos, interligados e igualmente significativos: respeito nas relações e atitude produtiva.

Agradecemos a todos os participantes do grupo que aceitaram mais uma vez registrar suas experiências e vivências nessa produção.

Prefácio

Maria Rita Gramigna

"O que eu ouço, eu esqueço. O que eu vejo, eu lembro. O que eu faço, eu aprendo." Confúcio

Ao ser convidada a fazer o prefácio deste livro, senti uma grande alegria. Este convite traduz o reconhecimento do grupo Projetar e aqui tenho a honra de apresentar esta belíssima obra.

A proposta do livro **Aprender e Transformar: Experiências de Sucesso,** está ancorada na máxima de Confúcio.

Organizado pelos participantes do grupo Projetar, traz a experiência daqueles que dedicam sua vida à missão de desenvolver pessoas.

A proposta do grupo de se encontrar mensalmente para discutir, praticar e desenvolver metodologias vivenciais acontece há mais de 20 anos. Como mais um resultado do grupo, temos este livro que traduz o empenho, a dedicação, a entrega e a generosidade daqueles que aprendem e ensinam.

Os leitores farão um passeio pelas trilhas das atividades vivenciais, onde são apresentados *jogos de empresa, atividades vivenciais, dinâmicas, sugestões de filmes e músicas aplicados aos programas de desenvolvimento*, dentre outros conteúdos.

O que faz o diferencial deste livro é a garantia de que o que está publicado foi amplamente praticado, validado e discutido entre os mais de 20 participantes do grupo, antes da sua publicação. Com forte referencial teórico como pano de fundo, todas as atividades têm a marca da excelência.

Estão estruturadas de forma que o facilitador de grupos, o instrutor, o profissional que decidir pela sua aplicação, terá a certeza de que está *navegando em águas já navegadas por outros, com sucesso.*

Convido os leitores a conhecer e praticar as atividades deste livro. Será uma experiência única.

As Muitas Trilhas Partilhadas

Beth Castilho e Sônia Veiga

Em 2015, o Projetar comemorou seus 25 anos, e agora mira os 50 com vigor e uma atuação consistente no cenário de desenvolvimento de pessoas. Sentimo-nos vitoriosos até aqui e por isso, muito mais dispostos a empreender novos projetos, desafios, provocações. É assim que nos identificamos. Essa é marca que nos orgulha!

A história do Projetar principia em 1990 sob a orquestração de Maria Rita Miranda Gramigna conclamando os profissionais de Recursos Humanos ao estudo e divulgação dos jogos empresariais, uma metodologia vivencial de aprendizagem.

A aceitação foi tamanha que um grande grupo se formou. Para viabilizar os encontros mensais, três equipes se organizaram em torno da proposta. O nome escolhido – Projetar – buscou imprimir a ideia de construção técnica sistematizada a partir de uma visão humana do aprender: a vivência. Com o tempo, uma seleção natural ocorre e o grupo se firma e consolida em torno de trinta participantes. Desses fundadores, vários ainda permanecem, criando pontes e sustentáculos de continuidade.

Como se trata de um grupo aberto, há sempre uma renovação da sua energia com a troca de participantes. Por motivos diversos, há os que se fixam e permanecem e também aqueles que flutuam conforme sua disponibilidade e momento. Todos são sempre bem-vindos uma vez que, fazendo parte, contribuem com a sua diversidade para romper as ondas desafiantes, criar espaços e oportunidades de crescimento pessoal e profissional, além do fortalecimento e consolidação do grupo.

Aos oito anos de práticas vivenciais, um amplo acervo técnico se encontrava testado, revisto e arquivado. Era chegada a hora de disponibilizar este conhecimento para além das próprias fronteiras. Assim, em 1998 o livro – *Vivências – Uma Aprendizagem Efetiva*, foi lançado no mercado, numa produção independente. Divulgado e vendido pelo próprio grupo, o livro teve uma boa aceitação, o que motivou uma edição ampliada e atualizada em 2001, além de uma segunda tiragem em 2002. O alicerce para isso foi construído no planejamento. Buscou-se oferecer técnicas experimentadas que pudessem ser repetidas com sucesso, uma vez que estavam embasadas numa fundamentação teórica de suporte à metodologia e na descrição detalhada da condução e processamento da vivência.

Com esse livro, o Projetar conquistou o Prêmio Ser Humano 2003 – *As Melhores Práticas na Gestão de Pessoas*, conferido pela Associação Brasileira de Recursos Humanos – ABRH/MG, na modalidade ***Gestão de Pessoas***, categoria ***Profissional***, o que muito nos honrou.

Cativado pela experiência literária, o Projetar adentra um pouco mais na comunicação. Para comemorar os seus vinte e um anos, é lançado o *ebook Relações Interpessoais**, compartilhando a experiência do grupo, em forma de caso, ao trabalhar internamente o tema. Além disso, é criado o site – projetarbrasil.org – que abre nossas janelas para o mundo. Assim, cada vez mais destemidos e arrojados, vamos ampliando nossas partilhas e nos dando a conhecer através de parcerias e participações em eventos voltados ao desenvolvimento humano, quer em comunidades, quer no meio empresarial.

Buscando compreender o processo grupal dessa trajetória é perceptível a transformação do entusiasmo e empolgação iniciais em uma estruturação organizada que esclare-

*disponível em http://clubedeautores.com.br/book/106473--Relacoes Interpessoais ça a missão essencial do grupo. Assim, um aspecto formal como a criação de um estatuto que regulamente a convivência ao definir direitos e deveres para a tomada de decisões torna um investimento do grupo, ao mesmo tempo em que é descrita a sua visão, missão e valores. Como uma tarefa coletiva que requer a exposição e defesa das próprias ideias, tais momentos são especiais para o fortalecimento da identidade de grupo. Longe de uma cristalização, tal processo pode se abrir para um novo patamar de expectativas e esperanças.

Por conseguinte, foi criado o Projetar *2* com profissionais em início de carreira, agregado de outros mais experientes e até aqueles já consolidados no mercado. Esse jovem Projetar, para alegria de todos, juntou-se ao primeiro, formando um único e diversificado grupo em experiências, momentos de vida e expectativas – novos aprendizados se tornam possíveis, revigoram-se a visão e missão do grupo.

Dessa forma impulsionados, aos 25 anos bem comemorados numa grande festa, pudemos então compartilhar com parentes e amigos essa conquista. Chegar aqui foi uma luta saudável, uma alternância de avanços e recuos necessários à maturidade do grupo. A solidariedade interna superou diferenças individuais e a lealdade entre os participantes foi viabilizada por um relacionamento empático, de aceitação, no qual há um sentimento de permissão em discordar, respeitando os pontos de vista uns dos outros. Tudo isso se traduziu em produtividade, sinergia e uma atração grandes.

Temos contabilizado muitos ganhos e uma satisfação incríveis até então. Todavia, tivemos perdas inesperadas e irreparáveis. Amigos como Sara Elias Gaspar, Niná Lígia Castro e William Neves, ausentes, mostram que a vida é um instante muito breve e que, por permissão Divina, aqui estaremos até que, projetos realizados ou não, Ele nos convoque para *outras incumbências...* Todavia, temos certeza que, noutro plano, esses amigos queridos nos olham e dizem: "continuem, vale muito a pena..."

Participantes do PROJETAR/2017

1. **Adriana Galuppo**
2. **Adriene Madureira Pires**
3. **Ana Maria** de Deus **Simões**
4. **Beth Castilho** Pessoa
5. **Beth Motta** Sampaio
6. **Bia Delgado** V. Souza
7. **Carus** Francisco T. M. **Guimarães**
8. **Cláudia** Márcia Gomes de **Oliveira**
9. **Cláudia** Maria **Cardoso**
10. **Cristiane Costa**
11. **Danielli** Cristina Gouvêa **Viana**
12. **Eliete** Augusta de S. **Viana**
13. **Evaldo Negreiros** de Paiva
14. **Helma** Paiva **Neves**
15. **Hévila** Augusta **Corrêa**
16. **Juliana** Milhorato de **Araújo**
17. **Juliane** Cristina Viana de **Almeida**
18. **Luana de Souza Teixeira**
19. **Magda** Santos **Costa**
20. **Marco** Antônio de Miranda **Maia**
21. **Marco Aurélio** Q. Lana de **Araújo**
22. Maria **Guadalupe Ribeiro**
23. Maria **Sílvia** de Azeredo **Roscoe**
24. **Marisa** de Sena **Milagres**
25. **Mônica** Lopes M. **Esteves**
26. **Rosana** Cristina **Tozelli**
27. **Rosângela Barros** de Sousa
28. **Sandra** André **Mendes** Batista
29. **Solange** Nogueira D. **Guimarães**
30. **Sônia Mara** de **Oliveira**
31. **Sônia** Mara Prado **Veiga**
32. **Stefânia** Alves **Vargas** Mendes
33. **Teresa** Cristina **Cifani** Lima
34. **Terezinha Araújo**
35. **Thamara** Oliveira **Santiago**
36. **Thelma** M. **Teixeira**
37. **Virgínia** Maria **Gherard** dos Santos
38. **Walkiria Monteiro** C. Guimarães

Apresentação

Eliete Viana e Sônia Veiga

> Ninguém caminha sem aprender a caminhar, sem aprender a fazer o caminho caminhando, refazendo e retocando o sonho pelo qual se pôs a caminhar. (FREIRE, 1997).

Os participantes do Projetar, mais uma vez, vêm disponibilizar aos profissionais que se dedicam ao desenvolvimento humano este novo livro. É nosso terceiro, e estamos muito felizes em compartilhar novamente nossa experiência, resultado de estudos e práticas utilizando técnicas vivenciais para fomentar a transformação das pessoas, nos diversos tipos de organizações.

Ao longo dos anos, o sonho de ser um grupo de referência na criação e aplicação de técnicas vivenciais nos fez encontrar mensalmente com vistas a estudar, criar, testar e validar nossas técnicas, transformando-nos em um verdadeiro laboratório de aprendizagem. Nesta perspectiva, vimos desde então especializando-nos na intervenção de grupos e processos de aprendizagem, construindo conhecimento que sustenta a prática em torno do uso de diversas técnicas vivenciais.

O título do livro, ***Aprender e Transformar: Experiências de Sucesso,*** traduz verdadeiramente o que acreditamos e temos observado nos diversos espaços de treinamento e desenvolvimento em que atuamos. Por isso julgamos interessante dividir, seja com iniciantes ou experientes, parte dessa vivência profissional tão significativa para nós.

> Se, na verdade, não estou no mundo para simplesmente a ele me adaptar, mas para transformá-lo; se não é possível mudá-lo sem um certo sonho ou projeto de mundo, devo usar toda possibilidade que tenha para não apenas falar de minha utopia, mas participar de práticas com ela coerentes. (FREIRE, 1997)

Este livro está estruturado em capítulos de forma a facilitar sua consulta. Assim, iniciamos por uma breve exposição de nossas referências teóricas, as bases de onde nos lançamos, paralelamente à nossa experiência. Muitas são as possibilidades teóricas. Todavia, aquelas que descrevemos no capítulo Metodologia Vivencial representam nossas crenças e é da inspiração do seu conjunto que temos pautado nossa atuação e, por conseguinte, auferido resultados positivos e grande satisfação profissional.

Seguindo à metodologia, abordamos a EAD – Educação à Distância – modalidade inovadora de ensino-aprendizagem que por características de flexibilidade – onde e quando o aprendiz quer – e democratização – custos acessíveis e até gratuidade – vem ganhando cada vez mais espaço nos mais diversos segmentos e, vale ressaltar, promovendo a inclusão de muitos, contrapondo-se ao modelo tradicional presencial. Acreditamos que essa modalidade tem grande poder de ampliar as possibilidades de atuação de todos nós, profissionais de recursos humanos.

Destacamos também um capítulo acerca da grande contribuição que filmes, comerciais ou não, e músicas podem propiciar no desenvolvimento de pessoas. São mostradas dicas e formas como esses recursos devem ser utilizados, cuidados na escolha, condução e outros aspectos importantes.

Na sequência, apresentamos uma coletânea de técnicas vivenciais com todo detalhamento necessário, com tema e objetivo variados, criadas e aplicadas por nós em situações distintas de desenvolvimento – treinamento, recrutamento, seleção, integração e outros – em empresas de porte e segmentos diversificados.

Vitalizadores é outro assunto focalizado, tendo em vista possuírem características bastante diversas das técnicas vivenciais. Como o próprio nome diz, tratam-se de exercícios animados, divertidos e rápidos que buscam energizar um grupo (por cansaço ou desânimo), mudar sua atenção ou deixá-lo em prontidão para trabalhar assuntos mais profundos e focados.

Fechando, destacamos o Estudo de Caso, uma técnica que se utiliza da simulação para auxiliar no desenvolvimento de habilidades como identificação de problemas, análises, argumentações, diagnóstico etc. A utilização de qualquer das diferentes situações descritas nesse capítulo podem contribuir neste sentido.

Por fim, agora convidamos você a dar um *passeio calmo* pelas páginas deste livro, detendo-se onde parecer mais atraente e oportuno. Embora simples e despretensioso, acreditamos e desejamos que ele possa apoiar e contribuir no dia a dia da sua atuação profissional.

Seja muito bem-vindo!

Grupo Projetar

Belo Horizonte.

Comissão Técnica:

Cláudia Márcia Gomes de Oliveira – organizadora

Adriana Galuppo

Eliete Viana

Marco Antônio Maia

Rosana Tozelli

Sônia Veiga

Walkiria Monteiro

Sumário

Capítulo 1: Metodologia Vivencial

Diga-me e eu esquecerei.
Mostre-me e eu talvez me lembre.
Envolva-me e então eu compreenderei.

Confúcio

Metodologia Vivencial

Adriana Galuppo, Eliete Viana e Sônia Veiga

1. Introdução

A sociedade vive hoje um momento ímpar, sem precedentes históricos, caracterizado por um dinamismo excepcional, impulsionado em grande parte por uma competitividade extramuros. Em vista disso, como um dos efeitos, observa-se um *comportamento de urgência* comum nas pessoas, sobretudo dentro das organizações. Uma expressão espirituosa e corriqueira que bem caracteriza esse estado de urgência é a ***É pra ontem!***

Com efeito, tudo mais se acelera. Um exemplo é que nunca se pesquisou tanto acerca de como o indivíduo pensa, aprende e, a partir daí, transforma o aprendido em algo real, tangível e preferencialmente inusitado. Evidente que isso, além da área educacional, interessa muito às organizações. De utilizar cotidianamente esse aprendizado, seja individual ou colaborativo entre pares, depende muito a sua sobrevivência. Ocorre que da transformação aplicada na solução de problemas e/ou na inovação de produtos/serviços advém vantagens competitivas que, em consequência, na sua continuidade, podem perenizar a organização no mercado.

Em virtude, muitas abordagens de desenvolvimento de pessoas têm sido criadas de maneira a acelerar as respostas e entregas dentro das empresas. Uma delas, sem dúvida, capaz de contribuir amplamente nesse sentido, é a metodologia vivencial (MV).

Através da MV o indivíduo experimenta, em situação de treinamento, algo novo de forma lúdica, discute e ouve pontos de vista, analisa sua atitude e do grupo, tira suas conclusões e pode mudar seu comportamento. O princípio que sustenta essa mecânica de desenvolvimento de habilidades e competências é andragógico, e David Kolb, referência maior deste texto, um dos fortes defensores dessa abordagem.

Não obstante, para uma compreensão mais ampla dessas questões, a seguir são apresentados conceitos básicos e posições de alguns autores que, no seu conjunto, resultam no entendimento das bases da Metodologia Vivencial.

2. Aprendizagem

Segundo Piaget, citado por Macedo (1999), a aprendizagem inicia no plano do corpo e evolui para o plano do pensamento, caracterizando-se como a capacidade de equilibrar o desenvolvimento das estruturas físicas e mentais neces-sárias à construção do conhecimento. Dessa forma, o conhecimento se constrói pouco a pouco, conforme as estruturas mentais e cognitivas se organizam e de acordo com os estágios de desenvolvimento da inteligência.

Na concepção de Perrenoud (2000), a situação de aprendizagem se dá de forma diferente em cada pessoa e acontece a partir das práticas e dos propósitos dos atores sociais. Para ele, o processo de aprendizagem se constrói a partir das situações-problema vividas pela pessoa, onde ela utilizará suas representações para solucionar o problema que lhe foi proposto.

Dessa maneira, devem-se proporcionar ao aprendiz situações de aprendizagem abertas e complexas que proporcionem o desenvolvimento das habilidades formais que abarcam o campo cognitivo e psicomotriz, as habilidades pessoais e sociais. Neste processo, existem vários saberes que interagem entre si, como a convivência do aprendiz com os seus colegas, com o professor/facilitador e com os diversos materiais teóricos disponíveis.

> Aprender é uma aventura criadora, algo, por isso mesmo, muito mais rico do que repetir a lição dada [...] é construir, reconstruir, constatar para mudar, o que não se faz sem abertura ao risco e à aventura do espírito (FREIRE, 1997, p.77).

Assim, para fazer da aprendizagem uma atividade criadora frequente, sobretudo dentro das organizações, é preciso ter em perspectiva essa abordagem andragógica, a de ver o adulto como sujeito do seu aprendizado e não objeto do mesmo e, nesse caso, entender que o professor/facilitador não é a principal referência da relação educacional.

Por princípio, a andragogia valoriza a ação do aprendiz por considerar que ele sabe o que quer aprender, pois sabe do conhecimento que precisa e tem prontidão para usar sua experiência como base motivacional do seu processo de aprendizagem.

Paulo Freire (1997), corroborando essa premissa, acredita que os adultos são seres independentes, responsáveis pelo seu processo de aprendizagem e capazes de buscar o que precisam. Os adultos querem aprender com aplicação imediata e querem que o aprendido venha contribuir para resolver os problemas que enfrentam no presente. Assim, a aprendizagem é a capacidade de colocar em prática novos conceitos e procedimentos de modo contextualizado.

A partir disso, é possível às áreas de T&D viabilizar a criação de conhecimento individual/coletivo para gerar conhecimento organizacional e, por conseguinte, a vantagem competitiva tão vital à sua sobrevivência.

3. Conhecimento

Para Davenport (1998), o conhecimento é compreendido como uma mistura de experiências, valores, informações e *insights*. Existe dentro das pessoas e faz parte da sua heterogeneidade. O conhecimento pode ser encontrado nas organizações de forma tangível e intangível, através de documentos ou em rotinas, processos, práticas e normas organizacionais.

Para Choo (1998), igualmente, o conhecimento é influenciado pelos valores e crenças da pessoa que, por sua vez, determinam aquilo que o conhecedor vê. Assim, a pessoa absorve e estrutura nova aprendizagem a partir de suas observações.

Como o conhecimento se desenvolve ao longo do tempo e por meio da experiência – que abrange aquilo que absorvemos de cursos, livros e mentores e também do aprendizado informal – faz-se necessário criar situações dentro das empresas que facilitem ou estimulem as pessoas a desenvolverem novas aprendizagens no âmbito do trabalho, pois isso exerce fortíssimo impacto sobre o conhecimento organizacional, fator preponderante na competitividade.

Portanto, considera-se que situações-problema contribuem significativamente com o processo de aprendizagem e de geração do conhecimento diferenciado. A busca de superação dos problemas por parte das pessoas nas organizações propicia que compartilhem experiências pessoais e profissionais, o que potencializa o conhecimento. Esse novo conhecimento, como já enfatizado, pode promover a diferenciação de produtos/serviços no mercado.

Assim, faz-se necessário o uso de metodologias participativas que estimulem e contribuam com o aprendizado do adulto que busca se desenvolver dentro das empresas.

4. Aprendizagem Vivencial

Segundo Kolb (1978), a aprendizagem é a modificação do comportamento como resultado da transformação de uma experiência. É um processo integrado que se inicia com uma atividade – uma experiência concreta –, seguida pela observação e reflexões dos eventos relevantes ocorridos na atividade.

O modelo de aprendizagem proposto por Kolb (1978) se constitui de um ciclo de quatro estágios, a saber:

1. Capacidade de se envolver em experiências concretas;
2. Reflexão acerca das experiências e sua observação a partir de diversas perspectivas, a observação reflexiva;
3. Criação de conceitos que integrem suas observações em teorias, conceituação abstrata e generalizações;
4. Utilização dessas teorias para tomar decisões e resolver problemas, a experimentação ativa.

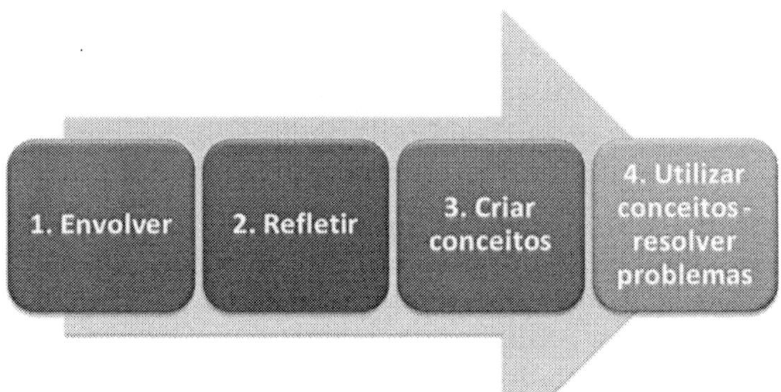

Fonte: adaptado de Kolb 1978 por Sônia Veiga

Kolb (1978) ressalta que a aprendizagem vivencial não se resume somente em aprender fazendo. Ela implica em mudança de comportamento. Para maior compreensão desse aspecto de mudança, segue-se a análise das etapas da aplicação de um exercício de aprendizagem vivencial:

- O aprendiz define (para si próprio), como ele iria (ou deveria) agir numa dada situação;
- É colocado na situação em que deve agir (fazer algo);
- Analisa como agiu e como se sentiu após a ação;

- Compara a diferença entre o que ele achava previamente que deveria ser feito e a ação a ser tomada efetivamente;
- Faz a comparação (e constata a discrepância);
- Considera uma abordagem diferente (oferecida pelo facilitador ou pelo grupo) e avalia essa nova alternativa para uma ação futura em situação similar.

Desta forma, a aprendizagem vivencial não se resume em somente *fazer*, ela envolve execução, comparação, avaliação de uma nova alternativa e recebimento de apoio (ou reforço), para criar a mudança de comportamento do aprendiz.

Assim, em decorrência de sua utilização, a aprendizagem vivencial possibilita ganhos nos aspectos enumerados abaixo:

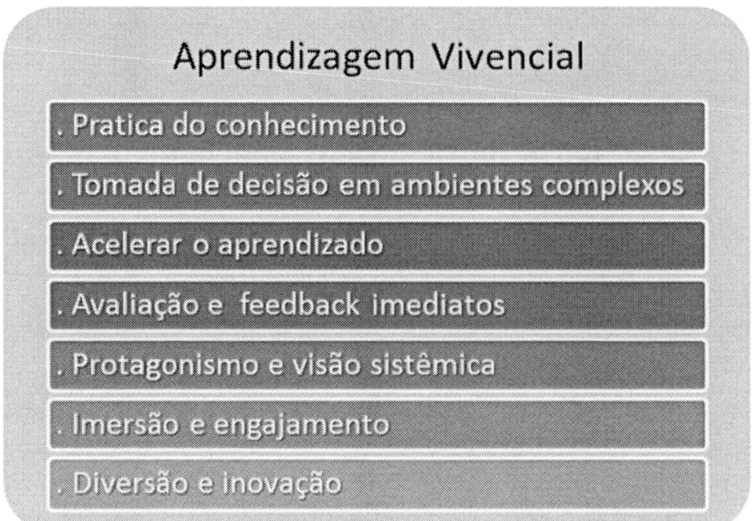

Fonte: adaptado de Marcelo Cursino, 2011 por Sônia Veiga

Os resultados de um exercício de aprendizagem vivencial são, em grande escala, determinados pelo desempenho do facilitador. Por isso deve-se estar atento para o papel do professor/facilitador no exercício de aprendizagem vivencial, uma vez que da sua atuação decorre a maximização dos efeitos da aprendizagem. De acordo com Kolb (1978),

> [...] a finalidade do exercício de aprendizagem vivencial não é somente a de aumentar a compreensão de situações concretas em termos de princípios. Eles podem ser úteis também como um meio de desenvolver habilidades para situações grupais: habilidades de observação, habilidades de autocompreensão, habilidades de adaptar o comportamento às exigências da tarefa e às necessidades do grupo e dos indivíduos.

Esse modelo implica na mudança da postura tradicional, que é a do processo de aprendizagem centralizado na teoria, para a centralização no aluno/aprendiz. O facilitador/professor seria elemento mediador e facilitador de todo o processo (FREIRE, 1997).

Nessa função integradora, o facilitador deve:

- ✓ Encorajar a participação, os debates e reflexões acerca do processo experienciado;
- ✓ Desenvolver um clima relacional que estimule a aprendizagem entre as pessoas;
- ✓ Agir como um recurso da aprendizagem, facilitando a correlação entre a teoria e a experiência.

No ambiente de aprendizagem vivencial o aprendiz é engajado ativamente na execução de uma tarefa (exercício, situação problema etc.) para a qual existe uma meta fixada.

O aprendiz aprende tanto com a execução da tarefa, como também com a avaliação de seu desempenho pela comparação dele com uma norma ou teoria apropriada. Essa prática análoga, levada ao ambiente organizacional, potencializa a capacidade de solucionar problemas no geral.

Na figura abaixo estão as diversas formas de retenção de informações e respectivos percentuais. Nota-se, na base da pirâmide, que aquilo que é praticado numa simulação tem mais chance de ser recordado e, em consequência, utilizado. Ou seja: "Ouço e esqueço. Vejo e me lembro. Faço e compreendo" (CONFÚCIO).

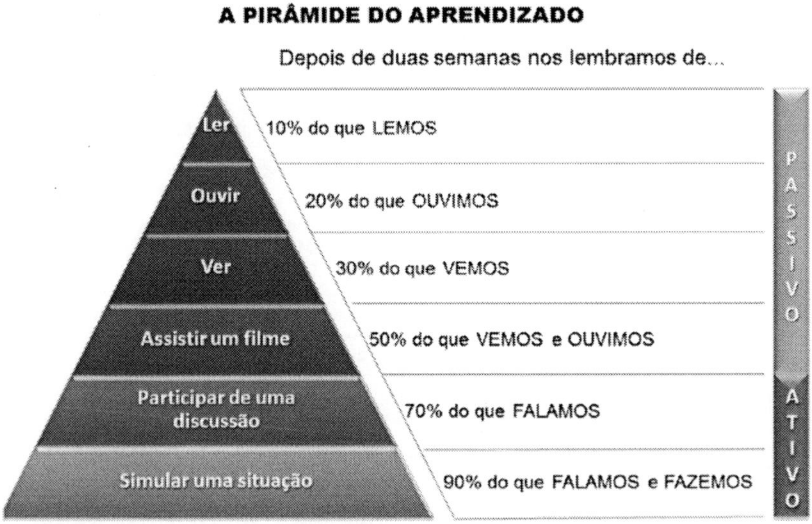

Fonte: Edgar Dale, 2000

5. Técnicas vivenciais

As técnicas vivenciais são atividades previamente elaboradas (exercícios vivenciais, jogos, simulações, dramatizações etc.), agregadas de recursos diversos que coloquem as pessoas em contato com situações semelhantes àquelas com as quais convivem ou irão conviver no trabalho. Em que também possam se observar e ser observados com o objetivo de refletir e buscar melhores níveis de desempenho, pessoal e profissional.

Como exemplos, citam-se:

TÉCNICAS VIVENCIAIS
▪ Biodanza
▪ Biomúsica (exercícios de musicalidade e ritmo)
▪ Camp Trainning (treinamento ao ar livre)
▪ Contação de histórias
▪ Constelações
▪ Dança de Salão
▪ Danças Circulares Sagradas / Danças Integrativas
▪ Desafios individuais e em equipe – gincanas, outros
▪ Dramatização
▪ Eneagrama
▪ Exercícios Ativadores, Vitalizadores e Harmonizadores
▪ Filmes
▪ Jogos Cooperativos / de Empresa / Dramáticos /
▪ Jogos e exercícios teatrais / Lúdicos
▪ Psicodrama
▪ Programação Neurolingüística
▪ Reflexologia
▪ Simulações

Através das técnicas vivenciais as pessoas percebem aspectos que poderiam passar despercebidos fora desse contexto. Por seu caráter lúdico, as técnicas fazem com que os participantes se envolvam na sua realização e se empenhem na busca da solução do problema proposto.

Elas são planejadas de modo a se parecerem, o mais possível, com a situação do cotidiano. "Assim, os participantes poderão aplicar seus conhecimentos, pôr em prática suas habilidades, criticar, receber críticas e, consequentemente, aprender e reformular [...]" questões profissionais e pessoais (PROJETAR, 2002, p.19).

A vivência das técnicas "trará mais aprendizagem quanto mais ocorrer num clima descontraído, sem defesas, que permita aflorar associações subjetivas de cada participante" (PROJETAR p.19).

O uso de técnicas vivenciais estimula ambos os hemisférios cerebrais, liberando o exercício da criatividade com reflexividade, no tocante à resolução de problemas e inovação organizacional. Ainda, visa desenvolver habilidades cognitivas e sócioemocionais e uma disponibilidade psicológica para continuar aprendendo a aprender, individualmente e em grupo.

Para facilitar o processo de aprendizagem, sugere-se usar as técnicas vivenciais utilizando as cinco fases do **CAV** – Ciclo de Aprendizagem Vivencial, proposto por Pfeiffer e Jones (1982), conforme o quadro:

Fonte: adaptado de Pfeiffer e Jones, 1978 por Sônia Veiga

- **Vivência –** Fase da execução da tarefa ou atividade e onde são apresentados exercícios, jogos e simulações, agrupados de acordo com as necessidades a serem estimuladas ou desenvolvidas pelo grupo, contando também com a adequação da fase em que o grupo se encontra;

- **Relato dos sentimentos** – as pessoas do grupo irão relatar os sentimentos vivenciados durante a atividade que, por sua vez, interferem muito na produção das pessoas e do grupo;
- **Processamento** – é a análise feita individualmente e pelo grupo, em relação ao que dificultou e facilitou a execução da atividade proposta;
- **Generalização** – é a analogia que cada pessoa faz da sua atuação no grupo com o seu desempenho no local de trabalho;
- **Avaliação/aplicação** – propor ação, ou ações, para mudança de comportamento vislumbrada a partir da aprendizagem extraída da vivência.

5.1 Cuidados na Aplicação das Técnicas Vivenciais:

Trabalhar com técnicas vivenciais, vale enfatizar, requer uma boa formação. Isto pode ser obtido através de cursos específicos ofertados por instituições/profissionais sérios existentes no mercado.

Todavia, só isso não basta, é vital sobretudo conhecer em profundidade o funcionamento dos grupos e ter experiência na sua condução, pois seu caráter *vivencial* desencadeia emoções diversificadas que exigirão tratamento e condução adequados, de forma a possibilitar *insights* e aprendizados e, em consequência, eventuais mudança de comportamento.

Assim, ainda como pontos de atenção e cautela, seguem abaixo outros aspectos que devem ser observados na aplicação de técnicas vivenciais:

CUIDADOS NA UTILIZAÇÃO DE TÉCNICAS VIVENCIAIS
▪ Sentir-se seguro na aplicação de técnicas vivenciais
▪ Escolher técnicas que se sinta à vontade para aplicar e conduzir o grupo;
▪ Ficar atento às reações dos participantes;
▪ Preparar, antecipadamente, o ambiente para a realização das atividades, levando em consideração objetivos, comportamentos esperados, conforto, segurança e até o melhor horário, pois o CAV não deve ser interrompido;
▪ Administrar o tempo, pois as atividades de aprendizagem devem estar de acordo com os objetivos definidos, contemplando todo o CAV;
▪ Buscar suporte técnico/teórico para os temas a trabalhar e ter total domínio da técnica;
▪ Verificar a complexidade da técnica x grupo;
▪ Preparar o material de apoio;
▪ Estabelecer regras de participação
▪ Conduzir a técnica de forma lúdica e envolvente;
▪ Saber lidar com emoções e sentimentos das pessoas decorrentes das técnicas utilizadas;
▪ Ter bom conhecimento acerca do funcionamento de grupos;
▪ Ter claro os resultados que se deseja alcançar.

6. Fases de Grupo

Este tópico visa contribuir com os facilitadores que utilizam técnicas diversas para trabalhar com grupos. A partir de alguns estudos teóricos e da nossa experiência com intervenção grupal nas organizações, verificou-se que o conhecimento sobre o funcionamento de um grupo, que diz respeito ao modo como as pessoas se organizam para realizar uma atividade, é de fundamental importância para o sucesso do processo de aprendizagem.

Schultz atuou como pesquisador e consultor desenvolvendo seus trabalhos junto a instituições públicas e privadas, tratando sobre problemas de comportamentos em pequenos grupos.

Ele conduziu uma pesquisa sobre psicologia social com 36 grupos de homens que viveram na Antártida por um ano num programa chamado FIRE, com grupos da Força Aérea Americana e outros mais, onde desenvolveu o conceito das quatro áreas de necessidades básicas interpessoais que são chamadas de Inclusão, Controle, Afeição/Abertura e Separação (Schutz, 1989).

É muito importante compreender que o grupo passa por diversas fases durante sua existência, processo conceituado como fenômeno grupal. Assim, para promover o aprendizado grupal é necessário que as técnicas escolhidas possibilitem a vivência de cada uma das fases. Nesse sentido, seguem as quatro fases:

- **Inclusão** – a primeira fase vivida pelo grupo se refere à associação entre as pessoas: inclusão, pertinência, proximidade, exclusão. É a primeira questão interpessoal na vida de um grupo. As pessoas se encontram e decidem se vão ou não prosseguir com a relação. É o momento em que as pessoas estabelecem se estão dentro ou fora daquele grupo;

- **Controle** – a segunda fase refere-se ao processo de tomada de decisão entre pessoas relativamente à área de poder, de influência e de autoridade. É nessa etapa que as lideranças aparecem, e estas determinam o estilo de funcionamento do grupo. As questões de controle levam as pessoas a confrontar-se entre si e a buscar formas para se relacionar;

- **Afeto ou Abertura** – é o momento da construção de vínculos emocionais e geralmente é a última fase a emergir no desenvolvimento de um grupo. As questões de abertura ou afeto se voltam para a relativa proximidade ou distância que vai prevalecer na relação.

- **Separação** – as pessoas do grupo vão definir com quais pessoas manterão vínculos para ações/ empreendimentos futuros.

No quadro, uma visão condensada do processo Fases de Grupo.

Adaptado de William Schutz, por Sônia Veiga.

Embora a sequência das fases seja a evolução esperada para os grupos em processo de desenvolvimento, a realidade não é assim linear. Muitas vezes veremos grupos avançando, retrocedendo e novamente avançando, como movimentos próprios e particulares do seu processo de amadurecimento. Um facilitador experiente sabe como estimular, trabalhar com as técnicas adequadas e aguardar que o grupo responda, reencontrando o caminho do seu progresso.

Palavras finais

Destacamos que a ideia de formatar este texto foi a de contribuir com uma pequena parcela teórica, uma vez que os temas aqui tratados possuem uma gama variada de fundamentos.

Assim, sem a intenção de esgotar, esperamos que as informações aqui condensadas possam subsidiar de alguma forma a atuação daqueles que se iniciam na jornada de desenvolver grupos rumo ao seu crescimento, seja nas organizações ou fora delas. Por outro lado, àqueles já experimentados, pensamos que poderá servir como lembrança aos muitos estudos realizados.

Não obstante, sublinhamos que muito da nossa atuação está calcada nos teóricos aqui apresentados, sendo esta exposição, portanto, parte da crença dos muitos profissionais que compõem o Projetar.

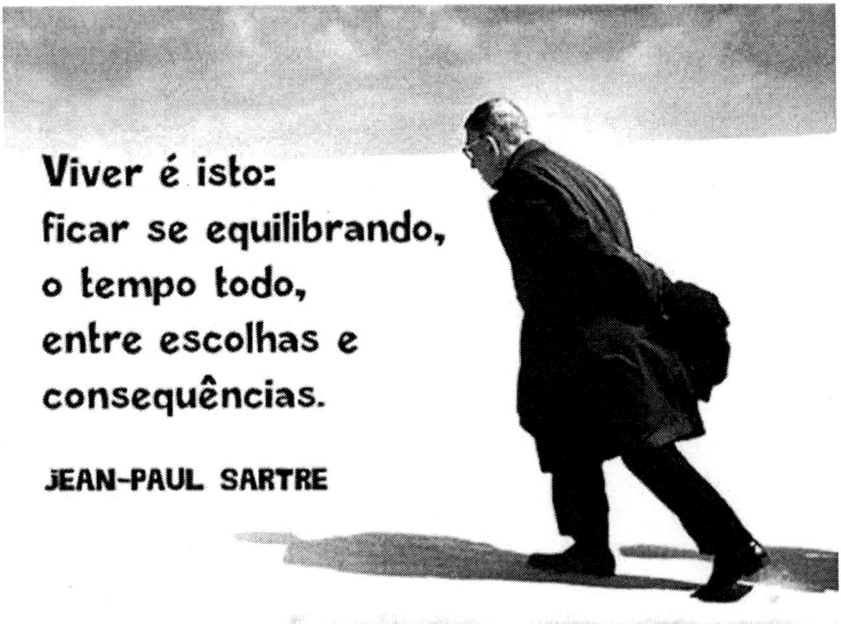

Bibliografia:

CHOO, Chun Wei. *The knowing organization: how organizations use informations to construct meaning, create, and make decision.* New York; Oxford University Press, 1998

DALE, Edgar. 3rd Edition of *Audio-visual methods in teaching.* Dryden, New York, 1969.

DAVENPORT, Thomas H.; PRUSAK, Laurence. Conhecimento Empresarial: *como as organizações gerenciam seu capital intelectual.* Rui de Janeiro: Campus, 1998.

FREIRE, Paulo. Pedagogia da Autonomia: saberes necessários à prática educativa. 1997. Ed. Paz e terra S/A. São Paulo.

Grupo Projetar. Vivências – Uma aprendizagem efetiva: *manual de técnicas vivenciais.* Belo Horizonte: Ophicina de Arte e Prosa, 1998.

KOLB, David; RUBIN, Irwin; MCINTYRE, James. Psicologia Organizacional: uma abordagem vivencial. São Paulo: Atlas, 1978

NONAKA, Ikujiro e TAKEUCHI, Hirotaka. *Criação do conhecimento na empresa.* Rio de Janeiro: Campus, 1997.

MACEDO, Lino de. Ensaios construtivistas. São Paulo: Casa do psicólogo, 1974.

PERRENOUD, P. *Dez novas competências para ensinar.* Convite à viagem. Trad. Patrícia Chittoni Ramos. Porto Alegre: Artmed, 2000.

PFEIFFER, W., JONES, J.E. *Coleção de exercícios estruturados para treinamento e educação* . Rio de Janeiro: Intercultural, 1982 vol.2.

SCHUTZ, Will. A profunda simplicidade: Uma nova consciência do eu interior. 2ª ed. São Paulo. Ágora ,1989.

SCHUTZ, William C. O prazer: Expansão da consciência humana. São Paulo: Ed. Imago, 1974.

Capítulo 2: Educação à Distância – EAD

Porque qualquer dia, a qualquer hora
e em qualquer lugar, é provável que o
improvável venha a acontecer.

Aristóteles

EAD – Educação à Distância: Rompendo Barreiras, Quebrando Paradigmas

Sônia Veiga

A EAD – Educação à Distância – faz parte da vida de muita gente na atualidade. Sua presença abrangente tem inúmeros formatos e tantas configurações que grande parte das pessoas nem se dá conta da sua, às vezes, sutil presença. Haja vista os inúmeros aplicativos baixados diariamente, visitas a sites na busca de conteúdos tão diversificados e surpreendentes que vão desde física quântica e nanotecnologia a receitinhas de bolos, como fazer um nó de gravata ou pintar em cabeça de alfinete.

Em EAD são muitas as possibilidades, enfoques, leituras, facetas, inúmeros cortes. Não obstante, é definitiva e progressiva a sua aplicabilidade nos processos de ensino-aprendizagem, sobretudo em vista de uma de suas maiores qualidades: democratização do saber. O acesso e oferta de educação a baixos custos, em todos os níveis – educação básica a doutorado – promovem a inclusão de pessoas oriundas de diferentes pontos do mundo, aproximando-as e eliminando distâncias. A noção de presencialidade muda inteiramente, torna-se virtual e, portanto, possível a muitos.

A escola ou qualquer centro de treinamento não são mais detentores únicos da educação. Ela está, via Internet, em todo lugar e de formas diversificadas. Melhor ainda, como, quando e onde o sujeito estiver.

> "A cadeira de economia é seguida por 30 mil alunos de 150 países. As aulas são gratuitas. Temos novos estudantes, do Uzbequistão, da China e do Quênia", afirmou

> Rosaelena O'Neal, responsável pela gestão do curso de economia na Universidade Georgetown, nos Estados Unidos (2011).

Impossível imaginar isso no modelo presencial, tradicional de educação. Lugar e horários determinados, presenças obrigatórias de professor/instrutor e aluno/aprendiz, conteúdo fechado, prazos e ritmos válidos para todos, indiscriminadamente. Embora válido, limita substancialmente a participação de muitas pessoas, seja por questões geográficas, de custo, de tempo, entre outros.

Na modalidade de educação EAD, impulsionada por necessidades de mercado e incapacidade do sistema tradicional em suprir a demanda, o sujeito é o centro do processo, é ativo na sua formação uma vez que pode escolher, segundo suas possibilidades, como, quando e em que ritmo fará seu aprendizado. Interagindo dessa forma com seu tutor/professor e pares, constroem juntos o conhecimento. Portanto, o sujeito apropria-se dele mais efetivamente.

Segundo especialistas (MOORE, M.; KEARSLEY, G. 2008), em EAD vive-se hoje a sexta geração, nome que se dá ao conjunto de suportes de informação utilizados entre instrutores, professores, tutores/alunos, orientandos etc. Na sexta geração, os conteúdos *online* podem ser semanticamente organizados pela própria máquina. A velocidade e precisão das respostas aumentam substancialmente. A esse conjunto de características da sexta geração dá-se o nome *Web 3* ou *Web Inteligente.*

A EAD da atualidade promove, pois, o aprendizado intermediado por dispositivos e aparelhos portáteis sem fios – *tablets,* celulares, computadores – bem como todo recurso das gerações anteriores, tais como livros, apostilas, gravações, TV, rádio, correspondências, aulas virtuais via Internet, interações em tempo real ou não, com tutor, professor e colegas, através de *chats*, fóruns, teleconferências, *e-mails* etc. Todo o aparato tecnológico alcançado até os dias de hoje.

Um recurso de EAD que tem auxiliado substancialmente a aprendizagem, e vem sendo muito utilizada pelas empresas, é a Gamificação. Vocábulo aportuguesado da palavra inglesa *Gamification,* de *game* (jogo), essa abordagem trata da "arte da jogabilidade em plataformas eletrônicas" (GOYAS, Matheus, 2013). É a aplicação de elementos dos jogos nas tarefas escolares ou nas atividades diárias nas organizações, de forma a torná-las mais divertidas. Sua utilização tem promovido aprendizados rápidos e interações mais positivas entre pessoas e organizações.

Vem facilitando que empregados e gestores acompanhem, em tempo real, as contribuições aos resultados negociados. Para tanto, usa mecanismos como *ranking,* medalhas, desafios, pontos e, em consequência, prêmios, bônus etc.

A utilização da Gamificação pelas empresas facilita a empregados, parceiros e clientes "interagir, ludicamente, com aplicativos de negócio, processos e sistemas".

Outra modalidade de EAD que vem beneficiado amplamente as empresas é a criação de Universidades Corporativas – UC´s. Segundo Marisa Eboli, "Universidade Corporativa consiste em formar e desenvolver talentos na gestão do negócio, promovendo a gestão do conhecimento organizacional". O conhecimento é colocado em plataformas eletrônicas customizadas, que atendem às reais necessidades da organização, e disponibilizado para os empregados segundo estratégias de gestão do negócio.

Nesse sentido, a promoção do aprendizado de um jeito particular de ser e fazer as coisas dentro da organização acaba por lhe render vantagens competitivas de difícil imitação que, por conseguinte, concorrem para a sua sustentabilidade e perenização.

O custo inicial de criação da UC é totalmente compensado posteriormente, não só pela disponibilidade permanente dos conteúdos, como pela capacidade de atendimento. Além disso, novos conteúdos podem ser agregados e os assuntos já tratados podem ser atualizados constantemente, sem maiores dispêndios. No curto prazo, a empresa vê retorno significativo desse investimento.

As grandes vantagens oferecidas pela EAD têm superado, aqui e ali, as dificuldades ainda existentes, dificuldades muitas vezes decorrentes de formatação inadequada do sistema ou mesmo processos de acompanhamento ineficazes, pouco sistematizados. Não obstante, do ensino básico ao doutorado, e dentro das organizações, é possível identificar experiências exitosas de EAD.

E vale dizer, hoje é possível encontrar na Internet cursos gratuitos de boa qualidade, como os promovidos por instituições como Khan Academy, Italki, Senar - Escola Da Terra, Cursos Online Educa, Senac: Programa Senac de Gratuidade, FGV On Line, Sebrae EaD, Senai, Cursos I Iped, Ciee - Centro de Integração Empresa-Escola, entre outras.

Dentre as vantagens dessa modalidade de ensino, podem ser citadas:

- Atende a um público maior e diversificado;
- Custos reduzidos;
- Autonomia;
- Conteúdo atualizado rapidamente;
- Didática específica;
- Aprendizagem em qualquer lugar, horário e ritmo;
- Conectividade entre professores/tutores/instrutores e alunos/treinandos;
- Combinação entre estudo, família e trabalho – qualidade de vida;
- Menor custo por participante;
- Inclusão de deficientes, por exemplo, aqueles impossibilitados de locomoção, entre outros.

Como desvantagens, citam-se:

- Diminuição da interação e socialização;
- Conhecimento de recursos de multimídia;
- Exige perfil de usuário com disciplina e dedicação;
- Limitações no alcance de objetivos afetivo/atitudinal e psicomotor.

Por outro lado, vale ressaltar, por seu caráter de disciplina e dedicação, a modalidade EAD vem inclusive promovendo mudanças significativas no comportamento das pessoas. Como argumenta Vani Moreira Kenski, autora de vários livros sobre educação e tecnologia:

> "As novas tecnologias de informação e comunicação, caracterizadas como midiáticas, são mais que simples suportes. Elas interferem em nosso modo de pensar, senti, agir. [...] Criam uma nova cultura e um novo modelo de sociedade." (KENSKI, 2006).

Muito brevemente será possível observar uma geração inteira de profissionais cuja formação desde a infância se deu com encontros eventuais face-a-face com seus professores/instrutores.

> "Graças às múltiplas opções abertas, podemos pensar que a formação à distância será escolhida por um número crescente de pessoas que combinarão estudo, trabalho e vida pessoal, e que escolherão esta opção para continuar aprendendo durante a vida toda." (Le Monde de l'Education, set. 1998, p. 15)

Por ser um sistema de inclusão que privilegia o interrelacionamento e, por isso, a construção do conhecimento, a EAD tem sido vista como uma modalidade de sucesso pela maioria dos especialistas. Todavia, ainda com desconfiança por outros.

Independente de posições, é inegável a oportunidade que se abre a partir dela. Muito potencial ainda a explorar. E para isso pode-se contar com empresas do mercado voltadas exclusivamente para conceber modelos, definir estratégias, colocar na Internet, vender e até mesmo fazer gestão de modelos de EAD.

Quer tornar acessível o custo do seu conhecimento e para um número maior de pessoas? Ganhando muito mais? EAD, pense nisso.

Capítulo 3: Filmes

"Era através de suas palavras que se reconhecia a loucura do louco; elas eram lugar onde se exercia a separação; mas não eram nunca recolhidas ou escutadas."

Michel Foucault

Filmes: Ferramenta Para Treinamento e Desenvolvimento de Pessoas

Rosana Tozelli

Atualmente as organizações tendem a buscar alternativas criativas e inovadoras com a finalidade de motivar e engajar suas equipes e capacitá-las para o mercado de trabalho.

Uma dessas alternativas que tem sido muito utilizada no intuito de treinar e desenvolver o capital humano nas organizações é a exibição de filmes completos ou cenas de filmes, como recurso didático e metodologia vivencial.

Além de ser um recurso de baixo custo, os filmes são muito eficientes, pois alcançam resultados fantásticos, sobretudo por serem instigantes. Isto resulta em aprendizado e impulsiona mudanças, uma vez que alguns filmes abordam histórias de vida, de profissões, carreira e do cotidiano, propiciando que as pessoas se identifiquem com o tema.

Vários temas poderão ser trabalhados, como Liderança, Conflitos, *Coaching*, Motivação e outras questões ligadas ao cotidiano das organizações.

É importante ressaltar que antes de escolher um filme para um grupo é necessário realizar um breve diagnóstico para identificar o que precisa ser trabalhado, quais questões deverão ser abordadas e o tempo disponível para essa prática.

O próximo passo é escolher o filme ou a cena que será exibida de acordo com a disponibilidade de tempo. Essa não é uma tarefa simples, é preciso saber escolher, pois uma cena pode ser trabalhada para um tema especifico e não estar diretamente relacionada ao tema central abordado no filme ou vice-versa.

Outro fator importante é determinar o enfoque que se pretende dar ao assunto, e o quanto o tema deverá ser aprofundado. O tema administração de conflitos, por exemplo, pode ser tratado com extrema profundidade através do filme *Maré Vermelha*, com relativa profundidade, com o filme *Duelo de Titãs*, ou de maneira mais sutil, através do filme *D2, nós somos os campeões*.

Após escolhido o filme ou cena, escolha um local adequado, equipado com multimídia e acomodação necessária para o grupo. Lembre-se, as pessoas necessitam se sentir acolhidas e bem acomodadas para que tudo transcorra da melhor maneira.

Além disso, é necessário preparar um roteiro do treinamento e materiais de apoio. O material deverá contemplar uma fundamentação teórica e prática sobre o tema que será abordado. Podem ser utilizados *slides*, citações de autores sobre o tema, *cases* e outros. Exemplos práticos são muito bem-vindos, pois aproximam o tema da realidade das pessoas.

Todo o aporte teórico e prático tem como finalidade reforçar o tema e mobilizar o grupo para reflexões e mudanças.

Outro recurso interessante para incentivar que o grupo se mantenha focado durante a exibição do filme ou cena, é elaborar algumas questões especificas que deverão ser respondidas ao final da projeção e uma ficha de observação. Vale ressaltar que de acordo com o grupo e o tema abordado, as questões a serem observadas podem ser entregues por equipe ou individualmente e podem variar entre si, permitindo que o filme, ou cena, seja observado por diferentes ângulos.

Ao fazer a exibição de um filme o facilitador deverá assumir o papel de observador. É importante estar atento às reações individuais e do grupo.

Em caso de alguns participantes se distraírem, o facilitador deverá anotar e abordar essa questão no CAV. Não é indicado fazer uma intervenção a fim de inibir esse comportamento, pois o intuito é oportunizar a aprendizagem através do recurso. Uma interrupção como essa poderá desmobilizar o grupo, visto que o esperado é que todos estejam empolgados e participantes.

Em hipótese alguma o facilitador deverá se ausentar do local de exibição do filme, pois esse comportamento poderá demonstrar desrespeito ao grupo e ele não terá a oportunidade de observar o funcionamento do mesmo, o que é fundamental para o momento do CAV – Ciclo de Aprendizagem Vivencial.

Assim, após a exibição da cena ou filme é importante a aplicação do CAV – Ciclo de Aprendizagem Vivencial, caracterizado pelas etapas: Vivência, Relato de Sentimentos, Processamento, Generalização e Aplicação (*vide* detalhamentos na página...). Nele o facilitador deverá conversar com o grupo, explorando os sentimentos vivenciados, como cada um processou a cena ou filme e as contribuições dos participantes. Ainda, deve ajudar o grupo a identificar a aplicabilidade dos aprendizados no dia a dia. E necessário explorar e seguir as etapas estabelecidas por essa ferramenta.

Listamos alguns objetivos que essa prática deverá atender:

1. Demonstrar, com exemplos práticos, o aporte teórico e os comportamentos que estão sendo discutidos;
2. Aprofundar a discussão de um tema específico;
3. Apoiar e complementar com exercícios estruturados de forma a gerar aprendizado e possíveis mudanças organizacionais. Devem-se levar em consideração todos os pontos acima citados para que os resultados pretendidos sejam alcançados.

Referências:

Profissional e Negócios: Aprendendo com o Cinema

Disponível em:

<http://www.profissionalenegocios.com.br/materias/materia.asp?cod_materia=1057 >

Acesso em 14 de Julho de 2015.

CALADO, Gualber. Dicas de filmes para aulas, treinamentos e capacitação Disponível em: <https://gualber.wordpress.com/2008/06/16/dicas-de-filmes-para-aulas-treinamentos-e-capacitacao/>

Acesso em 16 de Julho de 2015.

Portal RH. Filmes Comerciais Para Uso Em Treinamentos

Disponível em: <http://www.rhportal.com.br/artigos/rh.php?idc_cad=d4xzk5xw5>

Acesso em 13 de Julho de 2015.

Portal Info Escola: Relação entre Cinema e Educação

Disponível em: <http://www.infoescola.com/pedagogia/relacao-entre-cinema-e-educacao/> Acesso em 15 de Julho de 2015.

Exame.com: 6 filmes famosos que dão lições sobre liderança

Disponível em:

<http://exame.abril.com.br/revista-voce-sa/edicoes/158/noticias/cenas-de-lideranca>

Acesso em 15 de Julho de 2015.

Capítulo 4: Técnicas Vivenciais

Uns sapatos que ficam bem numa pessoa são pequenos para outra; não existe uma receita para a vida que sirva para todos.

C. G. Jung

Apresentamos neste capitulo diferentes recursos que poderão ser utilizados em atividades variadas de desenvolvimento de pessoas.

Para ter sucesso na escolha de uma atividade para seu programa, observe as questões a seguir:

1. Estabelecer objetivos claros – resultados predefinidos;
2. Determinar uma forma de medir os resultados – antes e depois;
3. Identificar o perfil dos participantes;
4. Verificar a infraestrutura que estará disponível;
5. Apurar o tempo disponível para aplicação;
6. Ficar atento a todas as informações disponíveis na atividade proposta, em especial a fase do grupo.

Como facilitador e condutor do processo:

- ✓ Tenha clara sua postura, pois ela influencia muito na eficácia do processo;
- ✓ Faça a sua apresentação pessoal, informando qual o seu nome, quem é você e quais são suas responsabilidades;
- ✓ Seja educado e gentil, solicitando a colaboração de todos. Saiba ouvir e pedir atenção quando necessário;
- ✓ Explique os objetivos e o que se espera do processo;
- ✓ Caso seja possível, simule a técnica antes da aplicação, para maior domínio;
- ✓ Leia mais informações sobre o conteúdo, de forma a se posicionar com segurança na fase de processamento.

As Cinco Estações da Linguagem do Amor

Criação: Cláudia Oliveira

Tema

Integração grupal, relacionamento interpessoal.

Fase do Grupo

Abertura.

Objetivos

Promover a interação e o relacionamento interpessoal.

Tamanho do Grupo

Qualquer tamanho.

Tempo

60 minutos.

Arranjo Físico

Sala ampla, montar cinco estações, cada uma representando uma linguagem do amor.

Material Necessário

- Cartões com frases afirmativas, com tipos de toques físicos e coisas que as pessoas gostam que façam para elas. Cartões em branco para ser preenchidos pelos participantes. Canetas coloridas. Fita crepe. Formulário do crachá (tamanho folha A4) com espaço para o nome, para frases de afirmação, toques físicos e cuidados. Cartazete para identificar cada estação. Presentes e/ou lembrancinhas para serem dadas na estação presentes. Cartão com nome de todos participantes para o amigo oculto.

Vivência

As cinco linguagens do amor têm o potencial de melhorar o clima emocional dos relacionamentos.

O objetivo é que as pessoas aprendam a comunicar amor na linguagem do outro e com isso ocorram mudanças significativas na atitude e no comportamento delas e, consequentemente, nos relacionamentos.

Cada pessoa poderá se descobrir, vivendo com uma pessoa alegre e realizada. E se aprender a falar a sua linguagem do amor, de fato será uma pessoa plenamente feliz em sua vida.

Existem cinco linguagens básicas do amor – cinco maneiras de expressar seu afeto.

1. Palavras de Afirmação;
2. Toque físico;
3. Cuidar – Atos e serviços;
4. Tempo de qualidade;
5. Presentes.

Para que as pessoas consigam se conectar emocionalmente, precisam aprender a comunicar amor na linguagem que seja significativa para o outro.

Descubra a linguagem do amor das pessoas com quem se relaciona, para viver os relacionamentos dos seus sonhos!

Devemos estar dispostos a aprender a linguagem do amor das pessoas com quem queremos nos relacionar, se quisermos comunicar o amor de forma efetiva.

O encorajamento requer empatia, que nos leva a enxergar o mundo segundo a perspectiva do outro. Devemos em primeiro lugar procurar saber o que é importante para ele.

Convido vocês a caminharem pelas cinco Estações do Amor. Esta caminhada será guiada para que possamos aproveitar o máximo e ter muito prazer em cada uma das estações. (A ordem das estações deve ser definida pelo facilitador, considerando as características do grupo.)

Entregar para cada participante um crachá (tamanho de uma folha A4 – modelo anexo 1) com o nome do participante.

1ª Estação – Palavras de Afirmação

Conceito: Algumas pessoas só se sentem amadas quando são alvo de palavras de afirmação. A mais profunda necessidade dessas pessoas é ser apreciada. Por isso, elas precisam de elogios, de palavras de apreciação ou de palavras de encorajamento para elevar a sua autoestima e se sentirem amadas e felizes. Isso significa que elogios, palavras de apreciação e palavras de encorajamento são os meios pelos quais elas captam a declaração e a afirmação de amor. Esses instrumentos criam intimidade, curam feridas e permitem a livre expansão do potencial dessas pessoas.

Montagem da estação: Colocar sobre a mesa cartões (cores e tamanhos diferentes) com várias mensagens de elogio, reforço e/ou empoderamento. Deixar alguns cartões em branco para serem preenchidos pelos participantes.

Instrução: Um elogio sincero pode mudar o seu dia. Que tal mudar o dia de alguém, hoje? Pedir para os participantes:

olhem para os seus colegas e vejam para quais gostariam de dar um elogio sincero. Escolham entre os cartões os elogios sinceros e colem no crachá dos seus colegas. Caso não tenha o elogio desejado, preencha os cartões em branco.

Mensagem final da estação: Identifique o sentimento presente, lhe dê um nome, curta-o e registre-o para buscá-lo quando necessário.

2ª Estação – Toque físico

Conceito: Há muito se sabe que o Toque físico é uma forma de comunicar o amor emocional.

Existem também pessoas que só captam a declaração e a afirmação de amor por meio de toque físico. O toque físico pode ser afago, abraço, beijo ou outras formas de toques amorosos. O tipo de toque varia de uma pessoa para outra. Mas todas têm isto em comum: emocionalmente anseiam pelo toque físico. Essa pessoa tem necessidade emocional e psicológica de toque físico. Os elogios, as palavras de apreciação, as palavras de encorajamento, a companhia atenciosa, os presentes ou as coisas que o outro faz para elas não satisfazem as necessidades emocionais e psicológicas dessas pessoas. Ainda que isso seja importante para elas, não será o suficiente para que se sintam realmente amadas.

Montagem da estação: vários cartões com vários tipos de toque físico para o participante escolher.

Instrução: Pedir para o participante escolher um ou mais cartões com os tipos de toques físicos de que mais gosta e colar no seu crachá.

Tarefa final da estação: Escolha um dos colegas, leia o seu cartão e lhe faça o toque físico desejado ou outro equivalente.

3ª Estação – Cuidar – Atos e serviços

Conceito: Algumas pessoas só se sentem amadas quando o outro faz coisas que elas apreciam. Essas pessoas captam a declaração e a afirmação de amor por meio dos serviços que o outro lhe presta, fazendo para elas aquilo que elas consideram importante. Para algumas pessoas que têm essa linguagem de amor, o importante é o outro ajudá-las a cuidar de tarefas e/ou fazer coisas que para ela são importantes. Para essas pessoas, os elogios, as palavras de apreciação, as palavras de encorajamento, a companhia atenciosa ou os presentes não são provas de amor. Elas só sentem-se amadas quando são servidas e/ ou cuidadas.

Montagem da estação: mesa com vários cartões em branco, canetas coloridas e fita adesiva.

Instrução: Pedir para o participante escrever no cartão o que gostaria que as pessoas fizessem para elas no decorrer do ano. Colar o cartão no crachá.

Tarefa final da estação: Passear pela sala, lendo os desejos dos colegas e se comunicando com toques ou palavras de afirmação.

4ª Estação – Tempo de qualidade

Conceito: O tempo de qualidade tem a ver com a intimidade, com o fato de centrar a atenção na outra pessoa. O aspecto central da Qualidade do Tempo é estar próximo. Não quer dizer simples proximidade. Estar junto tem a ver com o focalizar a atenção.

Muitos de nós somos treinados a analisar a fim de dar soluções. Mas esquecemos que um relacionamento não é um projeto a ser terminado ou um problema a ser resolvido.

Os elogios, as palavras de apreciação e as palavras de encorajamento não satisfazem as necessidades emocionais de todas as pessoas. Algumas pessoas só captam a declaração e a afirmação de amor por meio da atenção dedicada a elas. Elas só se sentem amadas, aceitas e queridas quando o outro dedica-lhe tempo, compartilhando, ouvindo e participando de suas atividades. Essas pessoas necessitam da **companhia atenciosa**. Destacamos a expressão *companhia atenciosa* porque, para elas, o importante é a atenção do outro. Elas têm necessidade emocional e psicológica de serem *curtidas* pelo outro. Para elas, aproveitar a vida e o relacionamento significa estar ao lado do outro e ter o outro ao seu lado.

Montagem da estação: cadeiras dispostas uma de frente para outra, para as pessoas conversarem em duplas.

Instrução: Pedir para as pessoas formarem duplas e conversarem como foi este período de férias. É importante que a atenção esteja totalmente focada na pessoa.

5ª Estação – Presentes

Conceito: Existem também pessoas que só captam a declaração e a afirmação de amor de seu cônjuge por meio dos presentes que ele lhe dá. Para essas pessoas, os presentes – sejam eles comprados ou feitos artesanalmente, simples ou luxuosos – são símbolos visuais do amor. Por isso, elas têm necessidade emocional de receber presente. Mas, para elas, o valor monetário do presente é secundário. Tanto faz um presente caro, quanto um presente barato. Porque para elas o importante é o presente e não o valor monetário do presente. Ao receber o presente, elas dizem para si mesmas: "Ele (a) se preocupa comigo; ele(a) me valoriza; ele(a) me ama!". Portanto, os elogios, as palavras de apreciação, as palavras de encorajamento ou a companhia atenciosa não são suficientes para levar essas pessoas a se sentirem amadas. Pois a maior necessidade emocional delas é receber presente.

Montagem da estação: mesa com todos os presentes dispostos – flores, chocolates, lembrancinhas etc. Cartões com os nomes de todos os participantes.

Instrução: Para simbolizar este momento, escolha um cartão com um nome de um dos participantes (tipo amigo oculto ou secreto) e depois escolha um presente que simbolize a mensagem que quer passar para essa pessoa, neste momento.

Pedir para aguardar antes de entregar o presente.

Formar um círculo para fazer a entrega dos presentes e explicar a simbologia (um de cada vez).

Relato de Sentimentos

Faça um círculo. Peça para os participantes relatarem como estão se sentindo neste momento.

Processamento

Pedir para os participantes relatarem como foi fazer esta atividade. Pontos mais significativos.

Generalização

Fazer a seguinte pergunta: O que vocês vivenciaram aqui retrata alguma situação vivida no seu dia a dia? E neste grupo?

Aplicação

Como vocês podem levar estas Cinco Linguagens do Amor para as pequenas ações do seu dia a dia?

Referência:

CHAPMAN, Gary. As cinco linguagem do amor. 3ª ed. Editora Mundo Cristão, 2013.

A Grande Família

Criação: *Adriana de Carvalho Prates*

Tema

Adversidade.

Fase de Grupo

Controle.

Objetivos

Proporcionar aos participantes oportunidades para convivência e maior integração.

Favorecer a que os participantes vivenciem situações difíceis e de incertezas como forma de estimular a busca de recursos pessoais para resolução dos problemas.

Tamanho do Grupo

De 10 a 25 participantes.

Tempo

Três horas e meia, aproximadamente.

Arranjo Físico

Sala ampla com cadeiras e mesas móveis.

Duas mesas de apoio.

Flipchart.

Material Necessário

- 20 folhas de *Flipchart.*
- 15 cartolinas brancas cortadas ao meio.
- Aparelho de som.
- Música do Jorge Aragão: "Eu e você sempre" (poderá ser outro).
- Canetinhas coloridas, giz de cera, lápis.
- Formulário específico de plano de ação contendo ações, prazos e resultados.

Vivência

1ª Etapa – 1 hora – Estruturada

O facilitador informa aos participantes que a atividade a ser vivenciada abordará dados de ficção e de realidade. Será desenvolvida inicialmente em grupo, em seguida individualmente e ao final novamente em grupo.

O facilitador cria ambientação instigando os participantes a falarem de família de modo geral, bem como do próprio grupo enquanto família, se assim se considerarem.

O facilitador solicita aos participantes que todos deverão portanto imaginar que fazem parte de uma grande família, de laços sanguíneos e que nos primeiros 20' deverão reunir-se para definir conjuntamente:

Tempo ➜ 20' para a primeira parte.

Classe social, moradia, estilo de vida, detalhes da moradia, localização da moradia, sobrenome da família, distribuição interna e externa dos ambientes, perfis, papéis e responsabilidade dos moradores. Consolidar todas essas informações num *Flipchart* que será apresentado ao final da primeira etapa **(todo o grupo deve configurar uma única família).**

Tempo ➔ 20' para segunda parte.

A partir das definições grupais, cada um dos participantes irá escolher um ambiente da moradia no qual realmente gosta de ficar ou se identifica e desenhá-lo, colocando na cartolina toda a riqueza de conteúdo que revele seu ser e que possa associar ao papel que tenha escolhido.

Tempo ➔ 20' para terceira parte.

Apresentação do trabalho feito. O facilitador informa que toda família deverá reunir-se à frente e apresentar todos os conceitos definidos e consolidados no *Flipchart* e cada membro da família deverá apresentar-se individualmente com o uso de toda construção individual feita na cartolina.

Após a apresentação, o facilitador informa que todos os cartazes e folhas de *Flipchart* deverão ser afixados nas paredes.

2ª Etapa - 01h15min - dramática

O facilitador informa que agora essa família vai lidar com uma situação bem difícil, e o facilitador chama individualmente cada participante de modo a aquecê-lo no papel já escolhido de modo bem breve.

O facilitador informa o seguinte contexto:

Exatamente no local onde vivem terá início em três dias (correspondem a três minutos) obras de uma grande avenida, sendo desapropriado o terreno e demolida a moradia. Neste cenário existem outras situações pertinentes à família:

- Estão financeiramente falidos.
- O órgão Federal responsável pela desapropriação está totalmente decidido e convicto.
- Emergem conflitos existenciais, problemas relacionados a doenças, traições, inveja e conflitos entre os familiares, filhos ilegítimos etc.

- Há um *Serial Killer* na redondeza, procurado pela polícia e já sabemos que é um membro da família. Quer lidar da mesma forma com os familiares: executá-los radicalmente.

O facilitador solicita aos participantes escutarem de olhos fechados a música do Jorge Aragão: “Eu e você sempre”.

Após esse aquecimento o facilitador convida o grupo a agir de acordo com os papéis e cenários definidos, não há *script*.

O grupo terá 30’ para esta experiência. Após o tempo previsto o facilitador informa que o grupo tem 5’ para finalizar a história.

Relato de Sentimentos

Solicitar a cada participante que expresse livremente os sentimentos experimentados durante toda a vivência, bem como em relação aos papéis escolhidos e dramatizados.

Processamento

Solicitar aos participantes que informem quais critérios foram utilizados para a definição dos papéis e responsabilidades dos membros da família.

Verificar junto aos participantes se houve percepção de mudança de atuação dos personagens entre as duas etapas da vivência.

Generalização

Verificar junto aos participantes quais aprendizagens sobre si e sobre os demais participantes foram acrescentadas.

Verificar se a vivência possibilitou despertar para algum recurso pessoal que favorece ou desfavorece a resolução de problemas, na vida de modo geral.

Aplicação

Como pretendem aplicar o que foi aprendido?

Quais atitudes poderão ser implementadas no dia a dia a fim de se resolver melhor os problemas ou adversidades que surgem?

Solicitar aos participantes que em dupla façam um plano de ação que vise melhorar o modo dos participantes lidarem com situações-problema, definindo duas atitudes a serem aprimoradas, demarcando quais ações e prazos são necessários para atingir esse resultado. Entregar formulário específico.

<table>
<tr><th colspan="4">Modelo de Plano de Ação</th></tr>
<tr><td colspan="4">Nome:
Data:___/___/___</td></tr>
<tr><th>Competência</th><th>Ações</th><th>Recursos</th><th>Prazo</th></tr>
<tr><td></td><td></td><td></td><td></td></tr>
<tr><td></td><td></td><td></td><td></td></tr>
<tr><td></td><td></td><td></td><td></td></tr>
<tr><td colspan="4">Observações:</td></tr>
</table>

Alinhavando as Idiossincrasias Organizacionais

Criação: Bia Delgado, Monica Esteves, Lara Castro, Sônia Veiga

Adaptação: Beth Castilho, Bia Delgado, Wagner Barreiros

Tema

Reflexão sobre clima e contexto.

Fase de Grupo

Controle.

Objetivo

Contextualizar as contradições organizacionais e levar o participante a pensar qual o seu papel como representante de Recursos Humanos.

Tamanho do Grupo

30 participantes.

Tempo

01h e 30 min.

Arranjo Físico

Sala ampla com cadeiras móveis.

Material Necessário

- Multimídia;
- *Flipchart*;
- *Bottons* para divisão de grupos ou adesivos de bolinha coloridos;
- Retalhos de panos diversos;
- Agulhas e linhas (mínimo quatro).

Vivência

I. Introdução e Contextualização do Tema – 20 min

- Filme/Fala/Poema que mostre contradições como suporte ao título – adversidades nas organizações
- Apresentação do tripé norteador do tema

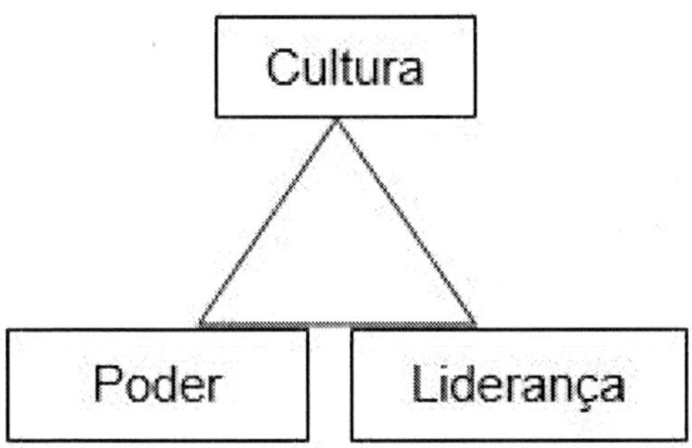

II. Trabalho em grupo – 45 min.

- Formar três equipes com o objetivo de identificar (levantar) as idiossincrasias/contradições percebidas no seu local de trabalho.
- Cada equipe assume um dos focos: cultura/poder/ liderança conforme o *bottom* recebido
- **Instrução:**

A tarefa será realizada em dois momentos.

- **<u>No primeiro</u>**, vocês vão identificar as idiossincrasias que percebem na sua empresa/organização, ou seja, as contradições entre:
  - o que se **Deseja/Pensa/Fala x o Real** = o que se **faz, pratica, mostra**
  - **E como isto impacta?**

- Para isso, deve-se trabalhar da seguinte maneira:
  - Cada grupo vai encontrar no seu espaço um retalho que representa o tema daquele grupo: **Cultura/Poder/Liderança**
  - Esse retalho será usado para dar início ao trabalho
  - Vocês vão encontrar também diversos retalhos com diferentes formas, estampas e cores, além de agulha e linha
  - O que vão fazer?
    - ✓ Cada um deve escolher um dos retalhos que simbolize as idiossincrasias/contradições que percebe na sua instituição. Você pode fazer a escolha logo no princípio ou deixar para escolher no momento em que for alinhavá-lo aos outros.
    - ✓ Enquanto alinhava (usar cerca de sete alinhavos), você vai dizendo para o seu grupo quais as idiossincrasias que mais chamam a sua atenção no local de trabalho.
    - ✓ Para isso você pode se expressar, completando a ideia:

      fala-se......................; (pensa/deseja)

      pratica-se................; (faz/mostra) e isto nos impacta.......;

- ✓ Assim, sucessivamente, os participantes vão construindo algo que apresentarão aos outros subgrupos – as idiossincrasias percebidas sobre os temas.

- ➢ O objetivo, ao final, é a construção de um significativo produto com todas as percepções.

Aplicação

- **<u>No segundo</u>**, vamos nos posicionar como profissionais de RH e pensar maneiras adequadas e recomendadas para se lidar com contradições. Que contribuição podemos dar como imperativos estratégicos de mudança e solução?
- Para tanto, devem se nortear pelo seguinte: **como profissionais de RH, que significados e possibilidades <u>práticas</u> podemos dar a essas idiossincrasias identificadas por nós. Busquem ações que vocês tenham autonomia para implantar.**
- Lembrem-se que na plenária, vocês vão apresentar o produto do grupo, as idiossincrasias percebidas, o impacto gerado e a ações práticas para lidar com elas. Portanto, **definam como e quem vai registrar** esses dados.

III. Plenária e Alinhavo do Produto Final – <u>35 min.</u>

- Cada grupo indica um participante para fazer o alinhavo do seu tema aos demais, enquanto ocorrem as apresentações.
- Os subgrupos fazem suas apresentações num máximo de três minutos.
- O grupo de alinhavo apresenta o produto completo.

- O facilitador conduz o processamento e faz uma síntese sobre as idiossincrasias listadas tendo como referência seus construtos teóricos e como foco o papel de RH nesse contexto.
- E os alinhavos? Prestaram para que? O que essa atividade agrega em termos do todo? O que essa *costura* quer/deve mostrar?

IV: Fechamento – 5 min.

- Escolha um filme, clip ou mensagem relacionada à atividade. Após utilização de um desses recursos, verifique se alguém gostaria de falar algo.
- Agradecimento e despedida

Ativando os Neurônios

Criação: Adriana Galuppo, Beth Castilho, Beth Motta, Magda Costa e Marco Maia

Tema

Processos cognitivos e emocionais da aprendizagem. O papel da neurociência na aprendizagem

Fase do Grupo

Controle.

Objetivos

Sensibilizar e motivar o grupo para buscar o conhecimento sobre processos de aprendizagem em Neurociência e aplicá-lo às atividades profissionais.

Tamanho do Grupo

30 participantes.

Tempo

Aproximadamente duas horas.

Arranjo Físico

Sala ampla com carteiras móveis.

Material Necessário

- Papel e lápis;
- Cartões do exercício Programação Complicada;
- Cópia do Processamento da Aprendizagem Programação Complicada
- Diversos comestíveis com sabores, perfumes e consistência diferentes: azedo e doce (Limonada e suco de uva)/áspero e liso (amendoim e bala jujuba)/salgado e picante (biscoitinho e cocada com gengibre)/mole e duro (maria mole e amendoim japonês)/quente e frio (água para suco quente e frio).
- Materiais: papel toalha para as mãos, se necessário/ copinhos de café/recipiente descartável para acondicionar as guloseimas.
- Música: As Quatro Estações de Vivaldi.

Vivência

Etapa 1 – Sensibilização dos participantes

a) Na semana que antecede à reunião, encaminhar textos e vídeos sobre o tema – Aprendizagem e Neurociência – com o objetivo de criar motivação positiva para o encontro

Sugestões:

Vídeo – *Cérebro e Aprendizagem: Um Diálogo entre a Neurociência e a Educação* – https://www.youtube.com/watch?v=934wiekO-8g

Textos:

O Cérebro e Aprendizagem (3 págs.) http://www.famema.br/ensino/capacdoc/docs/ofuncionamentodocerebronoprocessodeaprendizagem.pdf

Como a neurociência explica o processo de aprendizagem? (2 págs.) http://www.administradores.com.br/noticias/academico/como-a-neurociencia-explica-o-processo-de-aprendizagem/80257/

Neurociência – As Novas Rotas da Educação (7 págs.) http://www.psiquiatriainfantil.com.br/biblioteca_de_pais_ver.asp?codigo=58

b) Para iniciar a reunião:

Caracterizar o tema, apresentando a proposta do trabalho e convidar o grupo para um vídeo curto que mostre algo relacionado ao aprender e aos conceitos neurocientíficos de tal processo.

Sugestão:

Vídeo https://www.youtube.com/watch?v=MvgJ-XSrGPk - 5 min.

Rápido, alegre e passa a ideia de neurônios, energia, hormônios, neurotransmissores, sinapses, motivação e parada brusca provocada pela decepção, expectativa não correspondida

Etapa 2 – "Ginástica Cerebral" – estimulação neural

Exercício 1: Convidar o grupo para seguir as instruções que serão dadas, realizando os movimentos necessários. 2 min.

Atenção! Você vai cortar a sua cabeça e com as mãos segurá-la na altura do ombro esquerdo. Agora, retire um fio de cabelo e o coloque na boca.

Observar e fazer comentários rápidos sobre a adequação dos movimentos.

Dica para o facilitador: *a probabilidade é de que as pessoas simulem a retirada do fio de cabelo, mas o coloque*

na posição na direção da boca posicionada acima do pescoço. Se o exercício pede para "cortar a cabeça e segurá-la na altura do ombro esquerdo" o movimento para colocar o fio de cabelo na boca deverá ser na altura fictícia da cabeça na altura do ombro esquerdo.

Exercício 2: duas palavras – 8 min.

Apresentar a seguinte sequência de letras – **AAAADLPRSSUV**. Pedir ao grupo que forme **duas palavras**, usando todas as letras:

Observar e fazer comentários rápidos sobre o processo de descoberta

Dica para o facilitador: *a solução para o desafio é a frase DUAS PALAVRAS.*

Etapa 3 – Experiência Cognitiva

Exercício da Programação Complicada – 20 min.

Trata-se de uma atividade de decisão em grupo que requer a partilha de informações. Tem como objetivo experienciar o impacto da informação limitada e da qualidade das inferências a partir do conhecimento prévio fragmentado.

São formados grupos de seis participantes que receberão um conjunto de seis cartões de instruções, entregues um para cada, além de lápis e papel.

O facilitador informa que todos deverão respeitar a regra escrita nos cartões: "**Podem comunicar aos outros os dados contidos, mas não podem entregá-lo ao colega".**

Informar que os dados são suficientes para descobrirem qual é o problema e qual a sua solução.

Caso o grupo esteja com dificuldade em concluir o exercício, o facilitador poderá fornecer as seguintes pistas:

a) Descobrir quem são os auxiliares;

b) Descobrir quem são os coordenadores de atividades;

c) O problema deve ser resolvido por dedução.

d) Caso necessário, poderá disponibilizar uma tabela, conforme modelo abaixo.

Atividades	**Tempo**			
	Agosto	**Setembro**	**Outubro**	**Novembro**
Acolhimento				
TED				
Tema Central				
Encerramento				

Concluído o exercício, anotar no quadro a solução dada pelos grupos e comparar com a correta.

Dica para o facilitador – Solução correta da tabela modelo:

Atividades	**Tempo**			
	Agosto	**Setembro**	**Outubro**	**Novembro**
Acolhimento	Cláudia	Thelma	Sônia	Silvia
TED	Thelma	Silvia	Cláudia	Sônia
Tema Central	Silvia	Sônia	Thelma	Cláudia
Encerramento	Sônia	Cláudia	Silvia	Thelma

Comentários:

Fazer um rápido levantamento dos procedimentos e recursos usados para compreender e formular o problema como um todo – visão global – e da busca de soluções, identificando facilidades e dificuldades encontradas e superadas. Sugerir o quadro para a anotação dos dados.

PAINEL DE RESULTADOS

	Ótimo a manter	Bom a melhorar	Encontrar alternativas favoráveis
Solução dada ao problema			
Obtenção de dados			
Tratamento da informação			
Participação e contribuição dos participantes			
Clareza e objetividade na comunicação			
Uso do conhecimento e experiência individual e coletiva			
Uso do tempo			
Palavras que Resumam o Trabalho do Grupo			

Modelos de Cartões a serem criados

Cartão nº 1	Cartão nº 2
Pode comunicar aos outros os dados contidos neste cartão, mas não o pode mostrar. **PISTAS** Os membros do seu grupo detêm as instruções necessárias para responder à questão seguinte: Qual a ordem dos coordenadores responsáveis pelo Tema Central no decurso dos quatro meses? Existe apenas uma resposta e vocês podem provar isso. O seu grupo tem informações irrelevantes para resolver o problema.	**Pode comunicar aos outros os dados contidos neste cartão, mas não o pode mostrar.** **PISTAS** Cláudia e Marco Antônio não estão de acordo sobre a forma de abordar o Tema Central, uma vez que a frequência dos participantes é muito irregular, o que prejudica a motivação. O coordenador geral está no Projetar há menos de cinco anos.
Cartão nº 3	**Cartão nº 4**
Pode comunicar aos outros os dados contidos neste cartão, mas não o pode mostrar. **PISTAS** O coordenador geral é responsável pelo TED em setembro. Marco Antônio participa do Tema Central em setembro. Silvia foi a última deste grupo a ser incluída no Projetar.	**Pode comunicar aos outros os dados contidos neste cartão, mas não o pode mostrar.** **PISTAS** Thelma é a responsável pelo Tema Central em outubro. Sônia e Carus não têm tempo compatível e por isso não trabalham juntos. Em agosto, a coordenadora geral, que tem uma ótima relação com Marco Antônio, assume o Tema Central.

<table>
<tr>
<td>

Cartão nº 5

Pode comunicar aos outros os dados contidos neste cartão, mas não o pode mostrar.

PISTAS

Todos os coordenadores assumem as atividades sequenciais e mudam de tarefas a cada mês.

Cada coordenador tem uma atividade favorita. Em setembro, cada coordenador assume a sua atividade preferida.

Cada coordenador conduz uma das atividades ao longo dos quatro meses do semestre: Acolhimento / TED / Tema Central / Encerramento

</td>
<td>

Cartão nº 6

Pode comunicar aos outros os dados contidos neste cartão, mas não o pode mostrar.

PISTAS

Nesta programação, o Grupo Projetar conta com quatro coordenadores, dois auxiliares e quatro atividades.

A Silvia é a coordenadora geral.

Thelma gosta de trabalhar com a atividade de Acolhimento.

Sônia apresenta o TED de novembro, mas prefere o Tema Central

</td>
</tr>
</table>

Etapa 4 – Vivências Experienciais

1. Montar numa mesa com os vários circuitos de comestíveis, buscando criar contrastes como: quente x frio/áspero x liso/azedo x doce/salgado x picante.

   Exemplo:

   a. Circuito 1: quente e frio (gelo e água quente);
   b. Áspero e liso (amendoim e bala jujuba);
   c. Azedo e doce (limonada e suco de uva);
   d. Salgado e picante (biscoitinho e cocada com gengibre);
   e. Mole e duro (maria mole e amendoim japonês);
   f. Crocante e suave (batata chips e bala delícia).

2. Formar três ou quatro grupos para *embarcar* no circuito de experimentações.

   Etapas:

   - Os participantes terão os olhos vendados, e cada facilitador conduzirá um grupo às ilhas de experimentações. Cada integrante deverá aguardar as orientações. O grupo está privado da visão e da fala. Durante a atividade poderão tocar, explorar, mas não poderão falar entre si.
   - Em cada etapa, o participante terá a oportunidade de tocar em objetos ou produtos (ou os receberá na própria mão) e poderá explorá-lo e degustá-lo, dando margem às sensações e emoções que poderão surgir, em decorrência do estímulo recebido.

3. Atividades:

   - Com os olhos fechados, sentir cada sabor ou sensação e observar a emoção ou comportamentos suscitados.
   - Ao concluir o trajeto, assentar-se e registrar a experiência através da produção de uma estrofe, poema, desenho ou qualquer outra forma. 16 min.
   - Com os olhos abertos, percorrer novamente o circuito e experimentar os mesmos produtos – 6 min.
   - Revisitar o texto e caso queira, completar, modificar, anular – 8 min.

Etapa 5 – Vivências Corporais

Dança livre: movimentar-se ao som de Vivaldi – 4 Estações – 5 min.

Relato de Sentimentos

Os sentimentos serão compartilhados após cada atividade, buscando identificar as emoções mais presentes.

Processamento

Além dos processamentos específicos de cada atividade, ao final:

- Convidar os participantes para, em grupo, fazer o compartilhamento das produções e expressão de percepções e aprendizados – 5 min.
- Apresentação coletiva – um representante de cada grupo apresenta a síntese obtida. – 20 min. (5 min. por grupo)

Generalização

Fazer um breve fechamento teórico associando as experiências com os pontos correlatos da neurociência.

Focar: Aprendizagem, Plasticidade, Hormônios, Superações.

Podem-se usar textos e apresentação em PowerPoint – 10 min.

Aplicação

Pedir ao grupo que se conscientize dos pensamentos e emoções presentes no encerramento da reunião. Cada um poderá refletir sobre o que fez para estar como está e onde e quando poderá repetir ou fazer uso deste aprendizado.

Caminhando com os Quatro Elementos

Criação: Eliete Viana, Sandra Mendes, Sônia Veiga

Tema

Trabalho de desenvolvimento individual e grupal.

Fase do Grupo

Afeição/Inclusão.

Objetivos

- Ampliar o auto e hetero conhecimento;
- Promover o relacionamento interpessoal;
- Estimular maior compreensão para a diversidade pessoal;
- Propiciar maior integração grupal.

Tamanho do Grupo

20 a 30 participantes.

Tempo

180 min.

Facilitadores

Para esta atividade são necessários três facilitadores trabalhando alternadamente, de forma a controlar todos os aspectos envolvidos: participantes, trajeto, atividade, instruções, materiais necessários.

Arranjo Físico

Área aberta, tipo parque ecológico ou similar. O facilitador deve percorrer o trecho antes para marcar as paradas adequadas a cada elemento e outra parada para a atividade final de grupo – que irá englobar os quatro elementos: ar, água, terra e fogo (a ordem é de acordo com o local ou facilitador).

Obs.: o facilitador pode optar por realizar essa atividade em ambiente tradicional, sala espaçosa, utilizando os mesmos passos/recursos. Todavia, deverá definir formas de experimentação/manipulação para cada um dos quatro elementos. Como exemplo, poderá utilizar os elementos acondicionados em recipientes/outros, filmes, textos, imagens, músicas, representações etc.

Material Necessário

- Cartela de significado de cada elemento;
- Folha de registro de cada elemento;
- Mandala individual;
- Mandala grupal (pegar uma folha de flip chart e dividir pelo número de participantes);
- Fita crepe;
- Jogo de canetinhas hidrocor seis cores para cada dupla;
- Kit caminhada: uma garrafa água, pacotinho de biscoitos;
- Tacho, estopa, álcool, fósforo, aparas para escrever.

Vivência

Instruir que farão uma caminhada com paradas intercaladas e em total silêncio. Só poderão falar quando das paradas. Sensibilizar o grupo para a simplicidade do momento, do despojamento. Convidar o grupo a se desarmar para aproveitar e apreciar a natureza, entrando em sintonia consigo mesmo e com o outro a cada atividade. Entregar o kit caminhada.

Primeira Caminhada: caminhar em total silêncio por 10 min., apreciando o entorno;

Atividade 01 – elemento AR

- O Facilitador fala do AR como um dos elementos, evidenciando características.
- O Facilitador fala para perceberem seu corpo, sentir a respiração...
- Um Cofacilitador entrega Cartela com significado do elemento em questão e Folha de Registro com cada elemento.
- O Facilitador fala que terão 10 min. para, em silêncio, registrar na Folha de Registro, uma experiência positiva da vida com características do elemento AR.
- Avisar que terão oportunidade para trocas ao final da atividade.

Segunda Caminhada: caminhar em total silêncio por 10 min., apreciando o entorno;

Atividade 02 – elemento ÁGUA

- O Facilitador fala da Água como um dos elementos, evidenciando características.
- O Facilitador fala para perceberem a água, pensar sobre ela e suas propriedades.

- Um Cofacilitador entrega texto com significado do elemento em questão.
- O Facilitador fala que terão 10min. para, em silêncio, registrar na folha de registros uma experiência positiva da vida com características do elemento ÁGUA.

Terceira Caminhada: caminhar em total silêncio por 10 min., apreciando o entorno;

Atividade 03 – elemento TERRA

- O Facilitador fala da TERRA como um dos elementos, evidenciando características.
- O Facilitador fala para perceberem as plantas no jardim (ou outro local), pegar e sentir o cheiro das folhas amassadas nas mãos, observar que são fruto da TERRA, pensar sobre ela e suas propriedades.
- Um Cofacilitador entrega texto com significado do elemento em questão.
- O Facilitador fala que terão 10min. para, em silêncio, registrar na folha de registros uma experiência positiva da vida com características do elemento TERRA.

Quarta Caminhada:

Atividade 04 – elemento FOGO

- O Facilitador fala da FOGO como um dos elementos, evidenciando características.
- O Facilitador fala para perceberem o fogo e pensar sobre ele e suas propriedades.
- Um Cofacilitador entrega Cartela com significado do elemento em questão.

- O Facilitador fala para perceberem o fogo e pensar sobre ele e sua mais significativa propriedade: a transformação.
- O Facilitador fala que terão 10min. para, em silêncio, registrar na apara um desejo que gostariam de ver transformado simbolicamente, pelo fogo, em realidade.
- Cada um alternadamente leva sua apara escrita com o desejo e coloca no tacho para queimar.

Atividade Final

- O Facilitador fala que a partir das experiências vividas ao longo da caminhada irão, agora, finalizar a atividade do dia.
- Um Cofacilitador entrega uma pequena Mandala para cada participante e um jogo de Canetinhas (ou lápis de cera) com quatro cores apenas: azul claro (ar), azul mais escuro (água), vermelho (fogo) e marrom ou verde (terra).
- O Facilitador fala do significado da Mandala.
- O Facilitador solicita que hachurem a Mandala de acordo com a proporção de elementos que julgam estar presentes em si mesmos. Por ex.: 50% de Ar, 20% de Água, 20% de Terra e 10% Fogo.
- Ao terminarem, o Facilitador solicita que os participantes se reúnam pela maior ocorrência de um dos elementos hachurado. Indicar o local onde cada grupo de elemento irá se reunir (caso ocorra empate de elemento, a própria pessoa escolhe com qual dos dois irá participar da atividade).
- O Facilitador instrui que terão 20 minutos para compartilhar esta experiência. Deverão registrar sentimentos, facilidades e dificuldades para apresentar em plenária – escolher um representante do grupo.

- O Facilitador solicita que representantes dos grupos apresentem suas conclusões.
- Terminadas as apresentações, o Facilitador solicita que colem na Grande Mandala (feita de forma a comportar todas as mandalinhas dos participantes). Cada um irá colar sua *Mandalinha* na área do elemento que tem predominância: água perto de água, fogo perto de fogo etc.
- O Facilitador solicita que apreciem a grande Mandala e voltando ao mesmo grupo, discutam: Que leituras se podem fazer do grupo a partir da análise da Grande Mandala e que sugestões de desenvolvimento podem ser feitas a partir disso. Apresentar em plenária.
- O Facilitador fecha o trabalho

Avaliação – pedir a quatro pessoas (uma de cada grupo) para fazerem avaliação do trabalho do dia.

Variação da Dinâmica

Seguir com a dinâmica como acima até a parte do elemento Fogo. Terminado o exercício de queimar as aparas com um desejo escrito, continuar como abaixo:

- O Facilitador solicita que se reúnam em grupo pelo elemento que cada um julga ser predominante em si mesmo: grupo do Ar, da Água, da Terra e do Fogo, e compartilhem essa experiência. Deverão ainda falar sobre as dificuldades e facilidades ocorridas e definir um representante para apresentar conclusões em plenária.
- Um Cofacilitador (enquanto os grupos fazem o compartilhamento) colore, em fatias, a Grande Mandala. A área de cada elemento na Mandala (ar, água, terra e fogo) será de acordo com o número de participantes de

cada um dos elementos. Por ex.: dez pessoas no grupo de Água serão iguais a dez fatias na Grande Mandala e serão coloridas de azul mais forte; doze pessoas de Fogo serão iguais a doze fatias na Grande Mandala e coloridas de vermelho. E assim por diante. O Cofacilitador termina de colorir e aguarda que o Facilitador solicite a Mandala.

- O Facilitador chama os representantes dos grupos e solicita que apresentem suas conclusões.
- O Facilitador faz suas considerações com base nas apresentações. Verifica se alguém gostaria de dizer alguma coisa e fecha essa parte.
- O Facilitador chama o Cofacilitador e pede que mostre a grande Mandala. Fala que a Grande Mandala representa cada um no seu respectivo grupo de elemento. Solicita aos participantes que, ainda em grupo, analisem a Mandala, tirem conclusões e a partir destas façam sugestões de desenvolvimento para o grupo.

Caminho para o Sucesso

Criação: Beth Castilho, Claudia Oliveira,
Mônica Esteves, Rosana Tozelli

Tema

Trabalho Grupal.

Fase do Grupo

Controle.

Objetivos

O objetivo desta atividade é definir as metas e atividades do grupo durante um ano. As metas devem ser simples, positivas e expressar aquilo que queremos. Lembrando que quando falamos do grupo falamos de todos nós.

Vamos trabalhar com a linha do tempo (mostrar a linha traçada no chão com tiras de EVA e folhas destacando os meses e eventos).

Tamanho do Grupo

30 pessoas.

Tempo

Aproximadamente 90 minutos.

Arranjo Físico

Sala ampla com tiras de EVA e papéis dispostos com os meses, eventos conforme o esquema do anexo 1.

Material Necessário

- Fita crepe;
- Tiras de EVA com tamanho de 5 cm de largura e 1m de comprimento nas cores: branca, verde, amarela, azul e rosa;
- Cartazetes com os meses, eventos. De acordo com o esquema do anexo 1;
- Pincéis atômicos.

Vivência

A seguir um Modelo de Planejamento.

Pensem no cenário. Estamos em dezembro de 2016.

✓ O que que conseguimos alcançar no ano 2016? ✓ Do que nos orgulhamos de ter atingido em 2016?	Solicitar aos participantes que individualmente registrem suas respostas em palavras ou pequenas frases, nas tarjetas distribuídas. Em seguida deverão depositá-las logo abaixo da placa de Dezembro de 2016.

Considerando este cenário (ler todas as tarjetas colocadas pelos participantes). Agora, em trios, vamos refletir e fazer uma rápida análise sobre como cada evento (acolhimento, TED, tema central, eventos sociais e eventos de MKT) contribuiu para alcançarmos este cenário.

Iniciamos pelo Acolhimento:

✓ O que o acolhimento propiciou no relacionamento do grupo? ✓ Como ele fortaleceu nas relações?	Aguardar a reflexão e registro nas tarjetas (as tarjetas deverão ser entregues aos facilitadores para serem colocadas no campo Acolhimento).

Continuando com este cenário em mente:

✓ Quais os ganhos que o Projetar teve ao ter acesso a essas informações? ✓ Em que estes temas contribuíram?	Aguardar a reflexão e registro nas tarjetas (as tarjetas deverão ser entregues aos facilitadores para serem colocadas no campo TED).

Agora, considerando o conhecimento gerado pelos Temas Centrais:

✓ O que vocês veem quando olham para trás? ✓ Qual a qualidade das vivências experienciadas?	Aguardar a reflexão e registro nas tarjetas (as tarjetas deverão ser entregues aos facilitadores para serem colocadas no campo Tema Central).

Dando sequência ao próximo item – Eventos Sociais:

✓ O que os nossos encontros sociais propiciaram? ✓ Quais os sentimentos predominantes?	Aguardar a reflexão e registro nas tarjetas (as tarjetas deverão ser entregues aos facilitadores para serem colocadas no campo Eventos Sociais).

Agora, um novo desafio, o de fortalecimento da marca Projetar, rumo aos 50 anos. Analisando o item Eventos de MKT.

✓ Do que o grupo se orgulha de ter realizado em 2016? ✓ Qual a marca que imprimimos em 2016?	Aguardar a reflexão e registro nas tarjetas (as tarjetas deverão ser entregues aos facilitadores para serem colocadas no campo Eventos MKT).

Então estamos em dezembro de 2016 e, aqui o Projetar alcançou tudo o que nós queríamos.

(Ler todas as tarjetas – abaixo da placa dezembro 2016).

Continuando, cada evento contribuiu da seguinte forma (ler, evento por evento, as tarjetas colocadas abaixo de cada um).

Para que no ano de 2016 o grupo Projetar tenha o sucesso, vamos percorrer este caminho.

Para isso é importante priorizar as nossas ações!

Vale lembrar que todas as ações foram propostas na pesquisa feita por *e-mail*. Vamos resgatá-las!

Para o acolhimento precisamos identificar nove responsáveis.

- ✓ Quem se propõe a responsabilizar-se pelo Acolhimento em cada mês? (Pedir para os interessados registrarem o nome na tarjeta e colocar no mês de interesse.)

Para que o TED traga o resultado alcançado em dezembro de 2016, nove pessoas se prontificaram para condução. (mostrar as tarjetas com os nomes. Cada participante pega o seu nome e põe em frente ao mês desejado).

- ✓ Quem fica em cada mês?

Ainda considerando o que foi levantado na pesquisa, temos 36 temas centrais propostos.

Vamos formar nove grupos e cada grupo vai escolher um tema que julgue importante para o Projetar. Lembrem-se que estamos montando a grade de temas. Neste momento não estamos definindo o tema de estudo e apresentação de cada um.

Separar os nove temas escolhidos e descartar o restante.

Dispor os temas para que todos vejam. Solicitar que as pessoas coloquem o seu nome no(s) tema(s) que têm interesse de desenvolver. Lembrando que deveremos ter máximo de três a quatro participantes por grupo.

- ✓ Qual deve ser a ordem dos temas centrais para garantir, ao longo do ano 2016, que nossas metas aconteçam? (Pedir para que coloquem na ordem, frente aos meses.)

Agora, passamos aos Eventos Sociais. Foram propostos cinco eventos: Festa de Natal, Festa Junina, Noite de Queijos e Vinhos, Luau e viagens. As festas junina e de Natal têm datas mais definidas.

- ✓ Faz sentido para o grupo que além destas festas façamos mais dois eventos, um no primeiro semestre e outro no segundo semestre?

A equipe social fará uma proposta de datas, viabilidade e logística do evento. Contando sempre com a participação de voluntários que se manifestarão oportunamente.

Finalmente vamos aos Eventos de MKT. Este será o desafio maior do ano. Foram sugeridas ações de fortalecimento da marca, na proposta do marco 26, rumo aos cinquenta anos, tais como: palestras, workshop, seminário, bate papo, entrevista. Para coordenar esta ação propomos a Walkíria. Demais pessoas interessadas em fazer parte do grupo deverão se manifestar.

Esta ação buscará viabilizar eventos, implicando em prospectar oportunidades de divulgação e estruturar o evento. Como ainda não temos como estabelecer os mesmos, solicitamos que se prontifiquem para definir especialmente os temas, assim como a modalidade: se seminário, workshop, palestra etc. (registrar nas tarjetas próprias o tema e o nome do participante).

Para visualizarmos todos os acontecimentos previstos, convidamos a todo o grupo para experimentar o Caminho do Sucesso, com toda a energia, comprometimento e dedicação que este grupo possui.

Começar no mês de março e seguir mês a mês (passando por todos os eventos da linha), até chegar a nov/16. Ler os eventos de MKT e depois as tarjetas que estão abaixo de cada evento. E por último o que estiver abaixo do Projetar – resultados esperados para 2016.

Estimular a vibração final ao chegar em dezembro de 2016.

Faz sentido para vocês todo este caminho?

De um a dez, o quanto cada um está comprometido com essas metas?

Estimular os aplausos finais.

Relato de Sentimentos

Convidar as pessoas para sentar no círculo. Peça para os participantes relatarem com uma palavra ou frase curta como estão se sentindo neste momento.

Processamento

Pedir para os participantes relatarem como foi fazer esta atividade. Pontos mais significativos.

Generalização

Fazer a seguinte pergunta: O que vocês vivenciaram aqui retrata alguma situação vivida no seu dia a dia?

Aplicação

Como vocês podem levar esta experiência para as pequenas ações do seu dia a dia?

Falar da importância de se marcar os momentos significativos da vida. Para isto trouxemos um marcador de agenda, para que marquem o compromisso de vocês com o Projetar.

Anexo 1: Modelo de Esquema da Estrutura do Caminho

Comunicação Em Equipe

Criação: Adriana Prates, Mônica Esteves, Renata Pelucci, Sandra Fortes e Sandra Mendes

Tema

Comunicação interpessoal, baseada nos princípios da sociometria.

Fase de Grupo

Controle.

Objetivos

Permitir aos participantes a conscientização dos pontos facilitadores e dificultadores do processo de comunicação em equipe, viabilizando o estabelecimento posterior de metas pessoais de desenvolvimento.

Tamanho do Grupo

Poderá ser aplicado em pequeno ou médio grupo. Recomendável um mínimo de oito participantes e o máximo de vinte e cinco.

Tempo

Duas horas e 20 minutos, aproximadamente.

Arranjo Físico

Sala ampla, com cadeiras móveis.

Material Necessário

- Crachás, canetinhas coloridas, papel A-4, cartazes com frases, tarjetas com frases, separadamente.

Vivência

Abertura

Sensibilização para a vivência da técnica e contextualização, mencionando o tema comunicação interpessoal e o embasamento da vivência a partir do sociométrico e do sociodrama.

Recursos

Multimídia e texto impresso.

Tempo

Dez minutos.

Etapa I

O facilitador pede ao grupo que se reúna com as pessoas que possuem a mesma preferência que a dele em relação à forma de aproveitar as férias:

Cartaz 1 – Escolha de férias

Praias, Montanhas, Viagens exóticas e Ficar em casa para descansar.

Após o grupo se reunir, o mesmo irá entrar num consenso sobre o porquê desta escolha.

Recursos: Cartaz e Tarjetas com as frases.

Tempo: 10 minutos – (2 min. para o arranjo e 8 min. para o debate).

Etapa II

O facilitador irá apresentar o cartaz, contendo as quatro opções abaixo, e pedirá que cada um reflita sobre o seu comportamento no grupo durante os debates e diálogos, identificando qual é o seu comportamento que mais impacta negativamente a comunicação.

Pedir que cada um caminhe em direção à pessoa que está segurando a frase contendo o seu ponto fraco na comunicação. Neste momento cada integrante do grupo apresentará uma das frases.

Após formar o grupo, cada participante deverá pegar o seu crachá (contendo a respectiva frase e fixando do lado esquerdo) e discutir com os demais componentes sobre este comportamento e a sua influência na comunicação.

Cartaz 2 – Pontos fracos na comunicação

- Eu atropelo o outro quando ele fala;
- Eu sinto-me *entalada* ao final da reunião;
- Sinto que sou prolixo quando me expresso;
- Sinto que sou muito crítico.

Recursos: Cartaz, tarjetas e crachás.

Tempo: 10 minutos (1 min. para explicação, 2 min. para arranjo e 7 minutos para debate).

Etapa III

O facilitador pede que desfaçam os grupos anteriores, pois agora irão fazer um novo *arranjo* de grupos.

O facilitador irá apresentar o cartaz com os pontos fortes da comunicação e cada um deverá refletir sobre o seu comportamento no grupo durante os debates e diálogos, identificando qual é o seu comportamento que mais favorece a comunicação.

Pedir que cada um caminhe em direção à pessoa que está segurando a frase contendo o ponto forte na comunicação. Novamente neste momento cada integrante do grupo apresentará uma das frases.

Após formar o grupo, cada participante irá pegar novamente um crachá (contendo a respectiva frase e fixando do lado direito) e irá discutir sobre este comportamento e a influência na comunicação.

Cartaz 3 – Pontos fortes na comunicação

- Sei escutar bem;
- Sei expressar o que sinto;
- Sou objetivo ao falar;
- Sou receptivo às novas ideias, sem julgamento prévio.

Recursos: Cartaz, tarjetas e crachás.

Tempo: 10 minutos (1 min. para explicação, 2 min. para arranjo e 7 min. para debate).

Etapa IV

O facilitador solicita que façam duas filas indianas, posicionadas uma de frente à outra.

A fila da esquerda irá olhar para qual ponto positivo no qual ela se inclui, que está relacionado no crachá fixado em seu lado direito do peito.

Cartaz 4 – Comportamentos desfavoráveis e favoráveis correspondentes.

Ao sinal do facilitador ele irá procurar a(s) pessoa(s) que possuem o crachá correspondente ao comportamento desfavorável à comunicação, conforme listado no cartaz.

Após formar os respectivos grupos, as pessoas que estavam na fila da esquerda irão conversar e propor ajuda ao colega que tem dificuldade neste comportamento, considerando o seu comportamento facilitador.

Recursos: Cartaz com comportamentos favoráveis e desfavoráveis correspondentes e tarjetas

Tempo: 10 minutos (1 min. para explicação, 2 min, para arranjo e 7 min, para debate).

Etapa V

O facilitador solicita que voltem para a mesma posição na fila indiana.

Agora a fila da direita irá olhar para qual ponto positivo em que ela se inclui (crachá fixado do lado direito do peito).

Ao sinal do facilitador ele irá procurar a(s) pessoa(s) que possuem o crachá correspondente ao comportamento desfavorável, conforme relacionado no cartaz.

Após formar o grupo, a pessoa que estava na fila da direita irá conversar e propor ajuda ao colega que tem dificuldade nesse comportamento.

Recursos: Cartaz com comportamentos favoráveis e desfavoráveis correspondentes e tarjetas

Tempo: 10 minutos (1 min. para explicação, 2 min. para arranjo e 7 min. para debate).

Etapa VI

O grupo que está nesta última formatação irá agora para a fase da conclusão.

Deverão discutir as diversas formas que poderão contribuir para melhorar a comunicação no Projetar, a partir dos relatos ouvidos e propostas de melhorias.

Recursos: Papéis A-4.

Tempo: 40 minutos (20 min. para preparação, 20 min. para apresentação, ou seja, 5 min. por grupo).

Relato de Sentimentos

Condução do *Sharing* (*Sharing* – compartilhar sentimentos, sensações, de forma livre, sem interpretação ou julgamento. Trata-se da livre e espontânea expressão, do que ficou, do que tocou, do que agradou, do que ajudou, com possíveis intervenções caso sejam necessárias com uso de técnicas psicodramáticas como solilóquio ou inversão de papéis).

Solicitar aos participantes que, em subgrupos, registrem seus sentimentos.

Processamento

Pedir que cada equipe analise e relacione as habilidades e atitudes que foram facilitadoras e aquelas que foram dificultadoras para realização das seis etapas, e que as mesmas sejam agrupadas.

Generalização

Solicitar aos participantes que reflitam e façam uma analogia entre o que foi vivenciado durante o jogo, ou seja, o processo de comunicação experimentado (pontos fortes e fracos, favoráveis e desfavoráveis) e a sua forma de se comunicar no dia a dia do Projetar.

Aplicação

Finalizando, cada grupo irá formular três frases com propostas de novos comportamentos e atitudes que venham favorecer a eficácia da comunicação interna no Projetar.

Construção da Torre

Adaptação: Rosana Cristina Tozelli

Tema

Trabalho Grupal.

Fase do Grupo

Controle.

Objetivos

Observar os comportamentos das pessoas, bem como a reação ao fracasso, autocontrole, tomada de decisão, trabalho sob pressão, autoconfiança e persistência e pressão por resultados. Avaliar a inteligência emocional do grupo.

Tamanho do Grupo

30 pessoas.

Tempo

Aproximadamente 90 minutos.

Arranjo Físico

Sala ampla com duas mesas e duas cadeiras no centro da sala.

Cadeiras em um semicírculo, de frente para as mesas.

Material Necessário

- Quadro com a tabela de resultados ou *Flipchart;*
- Pincéis atômicos;
- 25 a 30 caixas de fósforos, para cada empreendedor;
- Duas tiras de pano preto ou duas vendas para os olhos;
- Folhas de papel e em branco e canetas distribuídas para os observadores;
- Cópias das instruções contendo sugestões para o desempenho de papéis.

Vivência

- Preparação: 30 Minutos.

O facilitador explica que o grupo vivenciará um jogo contando a história descrita no anexo 1, e convida dois voluntários para representarem o papel de novos empreendedores.

Os voluntários empreendedores são retirados da sala pelo cofacilitador para serem orientados. Nesse momento os empreendedores definem um valor para cada caixa e ficam sabendo qual o seu capital inicial. (Por exemplo, cada caixa tem o valor de R$ 2.000,00.)

Em paralelo, o facilitador explica para o grupo que ficou na sala que todos vivenciaram um jogo onde uma empresa nova do ramo de construção civil tem como missão construir torres altas.

Para que o jogo funcione, recruta seis pessoas que deverão atuar como personagens fictícios no momento da construção da torre por cada empreendedor, com os seguintes papéis: amigo/amiga, banqueiro e irmã/irmão.

O facilitador informa ao grupo que esses personagens terão o papel de ajudar ou perturbar o empreendedor no seu primeiro negócio. Os personagens só atuarão na segunda rodada. Nesse momento o facilitador combina com os personagens o sinal que será dado para o início e término da atuação de cada um.

Informar aos voluntários que os empreendedores não sabem da participação dos personagens, e que ao iniciar a atuação eles deverão se apresentar.

Os demais participantes terão o papel de observadores e registrarão em uma folha que será entregue o que mais chamou atenção deles no desenrolar da atividade. Importante engajar todos nesse processo de observação.

O facilitador solicita aos personagens que leiam as orientações recebidas e criem estratégias.

Após orientar os personagens e repassar todas as informações para o grupo, o facilitador solicita que os empreendedores retornem à sala.

O facilitador pergunta aos empresários quais serão as metas estabelecidas para primeira rodada. Registrar no quadro com o nome de cada empreendedor.

Antes de iniciar a tarefa, repassar as orientações abaixo para o grupo:

Cada empreendedor irá executar simultaneamente a tarefa de construir uma torre de cubos de caixas de fósforos, sob as seguintes condições:

- A base da torre deverá ser feita com apenas uma caixa;
- Com os olhos vendados, usar a mão menos hábil;
- Cada caixa representa uma certa parcela do total investido na construção (definido antes, por exemplo, R$ 2.000,00);
- O investimento é composto por: uma parcela de capital próprio do empreendedor, uma parcela concedida por empréstimo bancário e outra emprestada de um amigo;

- O objetivo é construir uma torre de, pelo menos, dez ou doze cubos (representando o montante inicial investido). Acima disto, quanto mais alta for a torre, maiores lucros poderão ser extraídos, embora um colapso da torre (se for construída alta demais) possa por tudo a perder. A partir do 12° ou 13° cubo, cada novo cubo representa vendas, renda, lucros;
- Os empresários devem estabelecer, previamente, o número de caixas de fósforos que a torre terá (metas);
- Eles terão dez minutos para a construção;
- Se a torre cair, durante o tempo estipulado, os empresários podem recomeçar a construí-la;
- Ao final, o número de caixas empilhadas será verificado.

Execução da Tarefa

Execução da 1ª rodada: 15 minutos (10 min. da rodada + 5 min. da divulgação dos resultados).

O facilitador pede aos empreendedores que retornem e iniciem a tarefa.

Os empreendedores estabelecem uma meta, estimando o número máximo de caixas que cada um deles é capaz de usar para construir a torre.

O facilitador registra as metas na tabela de resultado.

Espalhar os caixas por toda a mesa. Vendar os olhos dos empreendedores;

Solicitar que os empreendedores comecem a construir suas torres com sua mão menos hábil, buscando cumprir a meta que estabeleceram.

Os demais observam em silêncio.

O facilitador encerra o tempo e conta o número de caixas empilhadas, verificando se os empreendedores atingiram suas metas ou não.

Contar e registrar o número de caixas e transcrever para a tabela de resultados (anexo).

Publicar os resultados de maneira clara e visível a todo o grupo.

Execução da 2ª rodada: 15 minutos (10 min. da rodada + 5 min. da divulgação dos resultados)

Inicia-se a segunda rodada. Informar aos empreendedores que deverão estabelecer uma nova meta. Registrar no quadro. Cada empreendedor está posicionado em sua mesa e inicia-se a tarefa.

Após 2 minutos de iniciada a tarefa por cada empreendedor, ao sinal do facilitador, os três personagens (banqueiro, amigo, irmã) entram na sala em silêncio. Cada trio se posiciona próximo de um empreendedor. Até então o empreendedor não sabe dessa variável.

Nesse momento eles começarão a atuar e tentar influenciar o empreendedor conforme as instruções que receberam. Cada um atuando por vez. O facilitador combinará com os personagens um sinal para controlar o tempo de atuação de cada personagem a fim de evitar que todos atuem ao mesmo tempo.

O papel dos personagens é influenciar, e não podem pegar nenhuma caixa e entregar para ao empreendedor.

Os personagens podem conversar entre si, mas é proibido qualquer ajuda física ao empreendedor.

O facilitador encerra o tempo e contabiliza as caixas empilhadas pelos empreendedores, verificando se atingiram ou não a sua meta. Anuncia os resultados e o vencedor.

Anexo 1 – A História do Jogo

A Torres do Futuro SA é empresa do ramo de construção civil que constrói torres. Torres de alta qualidade, com tecnologia de ponta e muito altas. O diferencial da organização é a altura de suas torres. A visão de futuro da empresa é ser referência nacional no ramo da construção civil.

É empresa nova, criada por um empreendedor muito perspicaz e audacioso que está se inserindo no mercado com seu primeiro empreendimento. Com esse cenário, o seu empreendedor passa por um período de insegurança, desconhecimento do mercado, falta de capital de giro, além de toda a pressão em gerir seus funcionários e suas questões familiares.

Anexo 2 - Instruções Para Desempenhar O Papel do Empreendedor

Sua tarefa é construir uma torre vertical de caixas de fósforos. A base da torre é constituída de uma única caixa. Essa torre simboliza o primeiro empreendimento do seu negócio e dele dependem todos os empreendimentos futuros. Para este empreendimento é necessário um capital equivalente a doze caixas. Atualmente você possui o valor de quatro caixas.

A fim de viabilizar seu negócio, você procurou pessoas que pudessem lhe auxiliar, primeiro pegou um empréstimo bancário no valor de cinco caixas e depois convenceu um amigo interessado no projeto a lhe emprestar o valor de três caixas. De acordo com o seu plano financeiro, somente após o valor de doze caixas você irá lucrar.

Para isso você deve estabelecer uma meta de quantas caixas poderá empilhar e o valor correspondente a cada uma.

Você terá dez minutos para completar a tarefa.

Anexo 3 – Instruções Para Desempenhar O Papel do Banqueiro

O banco Money Banks concedeu ao empreendedor o valor equivalente a cinco caixas de fósforos para a construção de sua primeira torre. O capital é composto de quatro caixas que o empreendedor possui, cinco caixas equivalente ao seu empréstimo e três tomadas emprestadas de um amigo (a) do empreendedor.

De acordo com o projeto, a base da torre é constituída de uma única caixa. O banco tem muito interesse ne empreendimento por ser único e inovador no mercado. Por isso quer todo o valor emprestado aplicado no empreendimento. No entanto, como banqueiro, você também não quer perder dinheiro. Para isso você deve aconselhar o empreendedor, durante a construção da torre, para ter certeza de que ele terá sucesso no projeto e que você irá recobrar o capital emprestado.

Lembrando que você não pode intervir fisicamente no negócio, mantenha constante contato verbal com o empresário enquanto ele executa suas atividades. Se o empreendedor não seguir seus conselhos, você pode ameaçá-lo com a exigência de um pagamento adiantado do empréstimo.

Considerando esta situação, você deve se assegurar de que os seus direitos não serão colocados em risco pelo empreendedor ou por qualquer outra pessoa interessada no negócio.

Anexo 3 – Instruções Para Desempenhar O Papel do Irmão/Irmã

Após muitas tentativas junto ao convênio médico, você precisa urgente de dinheiro para pagar a cirurgia na perna do seu filho de seis anos. A sua única alternativa é pedir ao seu irmão/irmã, um empreendedor(a) que está concretizando seu sonho com a abertura da empresa

Torres do Futuro SA. Ele está construindo seu primeiro empreendimento, simbolizado por uma torre de caixas de fósforos. Cada caixa representa um volume específico de capital. Você tem que pedir a ele/ela quatro caixas para salvar seu filho.

Você não tem outra alternativa e somente ele poderá lhe auxiliar. Você terá que convencê-lo da urgência da situação e que ele/ela deverá assumir sua responsabilidade familiar como irmão mais velho e arrimo de família.

Você tem que conseguir o dinheiro, o mais cedo possível.

Anexo 3 – Instruções Para Desempenhar O Papel do Amigo/Amiga

Um(a) amigo(a) íntimo(a) seu(sua) abriu uma empresa chamada Torres do Futuro SA. Para realizar o novo empreendimento, representado por uma torre de caixas de fósforos, foi necessário um capital representado por doze caixas.

O capital é composto de quatro caixas que seu(sua) amigo(a) tem, mais cinco emprestados de um banco e os três restantes tomados emprestados de você. Esse empréstimo foi um grande sacrifício para você, que, para isso, teve que adiar uma reforma importante e urgente na sua casa.

Diante deste cenário, você está altamente interessado em que o novo negócio de seu(sua) amigo(a) gere o máximo de lucros, o mais cedo possível. No entanto, apenas acima das doze caixas empilhadas a empresa começará a ter lucro. Portanto, você deve insistir para que seu amigo construa a torre o mais depressa possível.

Você não pode ajudá-lo(a) fisicamente nisto. Mas você pode dar conselhos e orientá-lo(a) verbalmente, durante sua tentativa.

Anexo 4 – Tabela de Resultados

		METAS	REALIZADO	REALIZADO
1º EMPRESARIO	1ª RODADA			
	2ª RODADA			
2º EMPRESÁRIO	1ª RODADA			
	2ª RODADA			

Relato de Sentimentos

Pedir aos participantes que identifiquem a emoção vivenciada em uma palavra.

Processamento

Pedir para os participantes relatarem como foi fazer esta atividade. Pontos mais significativos.

Como foi desempenhar o papel de empreendedor, na primeira etapa?

O que interferiu no estabelecimento da meta?

Como foi realizar a segunda etapa?

A experiência da primeira etapa interferiu no estabelecimento da nova meta?

Como foi trabalhar com as interferências? O que facilitou? O que dificultou?

Para os observadores, o que foi mais relevante?

Como foi atuar como banqueiro(a)?

Como foi atuar como amigo(a)?

Como foi atuar como irmã/irmão?

Generalização

O que vocês vivenciaram aqui retrata alguma situação vivida no seu dia a dia?

Aplicação

O que você aprendeu com este jogo?

Qual o seu compromisso pessoal de mudança?

Referência

Apostila de Jogos empresariais do Centro Cape (Centro de capacitação e apoio ao empreendedor).

Corrida de Tartarugas

Criação: Rosangela Barros e Wiliam Neves

Tema

Mudança de paradigmas, iniciativa, liderança e comunicação.

Fase de Grupo

Controle.

Objetivos

Sensibilizar o participante para o constante processo de mudança em nosso cotidiano. Possibilitar o debate sobre preconceito em grupo.

Tamanho do Grupo

De 15 a 20 pessoas.

Tempo

Uma hora.

Arranjo Físico

Ambiente externo (preferencialmente) ou interno.

Material Necessário

- Fita crepe ou barbante.
- Um bastão (bola ou outro objeto) por equipe.

Vivência

O grupo deve ser dividido em dois (no mínimo), sendo que cada um dos subgrupos deve ter o mesmo número de participantes dos demais.

Demarcar o local do jogo com linhas paralelas (raias) de 40 cm de largura por 4 a 5 metros de comprimento.

Ao informar as regras, o facilitador deve falar apressadamente, de maneira autoritária, sem se deter muito nas explicações, e responder somente ao que não atrapalhar o andamento da atividade. Por exemplo: caso questionado sobre o avanço, como penalidade, desconsiderar a *lógica* do raciocínio e reafirmar: "É assim mesmo!...".

Regras

- Com o bastão na mão, os primeiros corredores das equipes deverão se posicionar na extremidade da raia e aguardar o sinal do facilitador para entregar o bastão ao próximo competidor ao final da raia.
- O corredor não pode parar, devendo movimentar-se para frente, continuamente, em linha reta.
- O passo não poderá ser inferior a 40 cm.
- A cada infração, a corrida será paralisada, e o infrator sofrerá a pena de avançar um metro.
- O facilitador funciona como árbitro e, somente ao seu comando, os competidores podem avançar/parar/continuar a corrida.

Após todos terem compreendido as instruções, e somente no instante da partida, o facilitador informa:

"Ganha a corrida a equipe que chegar **POR ÚLTIMO. Podem começar!...**".

Relato de Sentimentos

Em roda, cada participante deve usar uma palavra para expressar seus sentimentos durante a atividade.

Processamento

Retornar aos grupos e sintetizar o que aconteceu durante a vivência. Escolher um representante para repassar as observações do grupo em uma plenária.

Generalização

Ainda em plenária, buscar analogias e comparações com a experiência de cada participante.

Aplicação

Sintetizar com a seguinte reflexão:

– Que aprendizado posso levar desta experiência?

Criando Seu *Tsuru*

Criação: Cláudia Oliveira e Sônia Veiga

Tema

Encerramento de eventos/reuniões de fim de curso e de ano de trabalho.

Fase de Grupo

Abertura.

Objetivo

Celebrar e deixar uma mensagem de qualificação para cada participante.

Tamanho do Grupo

Até 50 participantes.

Tempo

Em torno de uma hora.

Arranjo Físico

Sala ampla com cadeiras móveis em círculo.

Materiais e Recursos

- Quadrados laminados dourado, prateado, vermelho e verde, de tamanhos variados.
- Roteiro de como fazer um *tsuru.*
- Música suave (de preferência instrumental).

Vivência

Perguntar para o grupo: Vocês já fizeram alguma vez origami?

Contar a história do Origami (se possível mostrar imagens de origamis).

Origami é a arte japonesa de dobrar papéis. O objetivo do origami é criar todo tipo de objetos e animais a partir de um papel quadrado e sem a necessidade de cortes.

A arte do origami é bem flexível, permitindo cortes e colagem de pedaços de papéis para alcançar o objetivo esperado. O origami também permite o uso de papéis em outros formatos diferentes do quadrado.

De tão bonito e fácil de aprender, pelo menos os origamis mais básicos, ele se espalhou pelo mundo todo e ganhou adeptos em todas as partes do planeta.

Talvez o mais famoso dos origamis seja o *Tsuru* (garça), ave sagrada do Japão. O *Tsuru* é o pássaro da prosperidade e da sorte.

Diz a lenda que o *Tsuru* vive mil anos e tem o poder de conceder desejos. Se uma pessoa dobrar mil *Tsurus* e colocar o seu desejo a cada um deles, ele será atendido.

Convido vocês a pegarem um quadrado da cor que desejarem e seguirem os passos para construir o seu *Tsuru.*

Observação: Pegar na internet ou em um livro o passo a passo para construção, caso o facilitador não saiba fazer.

Ficar todos em círculo, de mãos dadas, colocando a música Canon (Pachelbel), dar uma olhada para todos do grupo e dizer:

- O círculo mágico é uma expressão inspirada nos rituais e costumes da era primitiva.
- Todas as atividades consideradas importantes para estes povos eram celebradas em forma de círculos, denominados *MÁGICOS*.
- Acreditavam esses povos que, por meio da energia emanada entre as pessoas componentes da roda (círculo), os maus espíritos eram afastados e os bons ali permaneciam.
- A forma circular vem-nos acompanhando ao longo da história nas rodas cantadas, na forma da lua cheia, do sol, da terra, da bola
- No círculo enxergamos a todos, ficamos todos no mesmo plano, enxergamos aquele que está perto e os mais distantes. Não há o primeiro, nem o último. Nele nos sentimos iguais.
- E... quando entramos no círculo, não estamos a disputar liderança. Estamos confiando nos amigos. Afinal... só damos as costas ao outro quando nele confiamos.

A Simbologia do Círculo Mágico

- Neste círculo somos todos iguais:
- Não há o primeiro, não há o último;
- Estamos todos no mesmo plano:
- Neste círculo enxergo você à minha direita, você à minha esquerda e você distante de mim;

- Que permaneçam neste círculo: a motivação, a cooperação, a disponibilidade, o ânimo, a comunicação efetiva, a flexibilidade, a alegria, o compromisso comigo e com o outro;
- Expulsemos do circulo mágico: a desmotivação, a critica maliciosa, a apatia, a inveja, a competição exacerbada, o autoritarismo e as forças negativas;
- E... neste circulo, simbolizamos nossa força união enquanto grupo;
- Mesmo quando ele for desfeito, permanecerá a força do **CÍRCULO MÁGICO.**

Pedir para que cada participante escolha uma pessoa para entregar o seu *Tsuru* como uma mensagem de Ano Novo.

Relato de Sentimentos

Perguntar como foi para cada um criar o *Tsuru* e entregá-lo para alguém.

Processamento

Abrir a plenária para participação de todos e colocar as questões:

Como foi participar desta oficina?

Generalização

Que celebrações você tem feito na sua vida?

Falar da virtude da Gratidão.

Aplicação

No dia-a-dia devemos celebrar os momentos e agradecer as oportunidades que vivemos na vida.

OBS.: No final pode ser lido o texto de apoio que fala sobre a gratidão e como ela é importante para o bem estar das pessoas.

Como fazer um Tsuru: https://www.youtube.com/watch?v=PAKmxBTSajg

Anexo 1 – Texto de Apoio

Gratidão traz saúde emocional e bem-estar

Por Emilce Shrividya

A gratidão é uma virtude que precisa ser cultivada e desenvolvida continuamente. Precisa se tornar um hábito diário. Muitas vezes não nos lembramos de agradecer e apenas reclamamos.

Em vez de se lastimar, mude essa atitude de vítima para uma atitude positiva, agradecendo desde que abre os olhos de manhã até a hora de dormir. Ao fazer isso você abre seu coração, abre seu entendimento para descobrir quantas bênçãos pequenas e grandes você recebe a cada dia. Desse modo você passa a perceber as bênçãos *invisíveis* que nem tinha notado. Passa a sentir como foi protegido, amparado, ajudado tantas e tantas vezes.

O sentimento de gratidão nos liberta da preocupação e nos acalma. Ao agradecer nosso coração descansa, nossa mente se aquieta, relaxamos mais, dormimos melhor e ficamos livres de tantas tensões da vida moderna.

A gratidão cura as doenças psicossomáticas e crônicas. Cura as dores da alma como a depressão, a tristeza, a solidão, melancolia, a baixa autoestima, insônia e ansiedade.

Lembre-se sempre de demonstrar sua sincera gratidão a todos que o ajudam. Expressar gratidão é uma força poderosa; é um atributo natural da mente voltada para a prosperidade.

Ao desenvolver esse hábito de agradecer você aciona a energia curativa do universo e muda as circunstâncias e o ambiente ao seu redor.

É importante recordar-se de agradecer. Existem maneiras concretas de nos ajudar a lembrar de agradecer, como escrever bilhetinhos e espalhá-los onde possamos ler, para lembrar de agradecer, ou escrever um diário contemplando as graças recebidas.

E mentalmente, repita várias vezes ao dia: Obrigado, obrigado, obrigado Deus. Experimente isto e sinta como você fica mais calmo, completo e feliz.

Sinta também como a prática da meditação e o relaxamento naturalmente tornam o coração agradecido, porque purificam os padrões mentais, limpam a mente das emoções e sentimentos negativos que lhe impediam de sentir gratidão.

Torne-se sensível às belezas da natureza. Desperte sua percepção para observar mais a beleza do mar, das montanhas, da vegetação, das flores, frutos e árvores, dos rios e cachoeiras. Deleite-se com o canto dos pássaros. Sinta carinho e respeito pelos animais. Agradeça a Deus pelo seu universo tão pleno de maravilhas.

Sinta um agradecimento profundo pelo nosso planeta, nossa querida Terra, que tudo nos dá sem nada pedir em troca. Faça isso de maneira concreta, cuidando do meio ambiente à sua volta, ajudando a não poluir, preservando a natureza, reciclando o lixo.

É necessária muita conscientização sobre como cuidar e respeitar o nosso planeta. Se cada um de nós fizer a sua parte, por menor que seja, estaremos cumprimos nosso *dharma* (espécie de missão do bem), nosso dever, e ajudando nossa amada Mãe Terra.

Quando nos despertamos interiormente para o sentimento tão nobre da gratidão, começamos a sentir gratidão por tudo, pelo ar que respiramos, por estarmos andando, vendo, ouvindo, falando e pelo simples fato de estarmos vivos.

Passamos a dar mais valor à vida e a essa oportunidade, essa dádiva de ter nascido na Terra para aprender e evoluir espiritualmente. Ao compreender isso, nos libertamos do sentimento de revolta, da não aceitação.

Os mestres sábios nos ensinam a agradecer tanto as coisas boas como as coisas ruins, compreendendo que tudo acontece para melhor e que tudo segue um plano divino. Deus quer que extraiamos lições das dificuldades, que são como esmeris nos purificando e desenvolvendo as virtudes em nosso interior.

Em vez de só reclamar e se focar nos defeitos e faltas, podemos ver o lado positivo. Quando não somos gratos, não somos capazes de sentir felicidade, porque ficamos focados no que não tivemos, no que não temos e achamos que nunca temos o suficiente.

Através do conhecimento e da prática da filosofia do *yoga* rompemos a união com a dor, ficamos livres da ignorância e do sofrimento. Aprendemos o caminho que vai nos libertando da dor dos desejos, da ansiedade, dos apegos e aversões, da raiva, da irritação e descontentamento.

Ao conquistar a virtude de ter um coração agradecido, você respeita a todos e ao mesmo tempo não perde seu discernimento. É o antídoto para o orgulho.

Através da gratidão você sintoniza com mais bênçãos divinas e atrai a boa sorte.

Gurumayi uma vez disse: “Quando nos tornamos gratos, recebemos mais. Quando expressamos nossa gratidão, recebemos ainda mais. Esta é a lei da natureza”.

Cultive a gratidão. Sintonize com as vibrações puras de Deus através do agradecimento profundo e sincero e muitos de seus problemas e carmas são diminuídos e você recebe mais e mais graças divinas.

Vivencie isto agora. Feche os olhos. Respire tranquilamente. Deixe que o ar entre e saia naturalmente.

E conte suas bênçãos. Lembre-se de tanto que há para agradecer.

Agradeça a Deus, a fonte divina de onde recebemos tudo.

Agradeça a vida.

Agradeça ao seu corpo e sua mente.

Agradeça a seus pais, filhos, parentes, amigos, a todas as pessoas e acontecimentos.

Lembre-se de todas as coisas boas de sua vida.

Permita que a gratidão dissolva seu cansaço, tristeza e *karmas*.

Permita que seu coração se torne suave e doce através da gratidão e experimente entusiasmo e tranquilidade. Om Shantih. Fique em paz.

Dominó de Texto

Criação: Sílvia Roscoe

Adaptação: Guadalupe Ribeiro, Sônia Veiga, Walkíria Monteiro

Tema:

Trabalho de Equipe.

Fase do Grupo:

Controle.

Objetivos:

Motivação, Comunicação, Foco em Resultados, Trabalho Sob Pressão, Percepção, Liderança, Flexibilidade.

Tamanho do Grupo:

15 a 20 pessoas.

Tempo:

90 minutos.

Arranjo Físico:

Sala ampla.

Material Necessário

- Jogo completo Dominó tema *Liderança* (específico para grupo de gestores nos diversos níveis. Outros textos, de temática diferente, poderão ser usados) anexo;
- Questionário com respostas anexo;
- Folha do árbitro anexo.

Vivência

Prestem atenção às instruções. Cada equipe terá um árbitro.

Regras

- Leiam as suas peças.
- Para cada pergunta, há uma única melhor resposta.
- Cada peça contém uma pergunta do lado esquerdo e uma resposta do lado direito.
- Todas as peças devem ser utilizadas no jogo.
- Cada participante coloca uma peça por rodada.
- Na vez do jogador, caso ele tenha mais de uma peça que se encaixe no jogo, ele poderá colocá-la.

Pontuação:

- Na primeira tentativa, a cada resposta certa o participante ganha dois pontos.
- Na segunda tentativa, a cada resposta certa o participante ganha um ponto.
- Na terceira tentativa, a cada resposta errada o participante perde um ponto.

- O participante que colocar todas as peças em primeiro lugar ganha dois pontos.
- O participante que colocar todas as peças em segundo lugar ganha um ponto.
- A equipe que terminar o jogo primeiro ganha dois pontos.
- A equipe que fizer mais pontos ganha um prêmio.

Variação: aplicar a dinâmica sem a competição.

Relato de Sentimentos

Solicitar que expressem, individualmente, como se sentiram ao realizar a atividade.

Processamento

Solicitar aos participantes que, em grupo, respondam às questões propostas abaixo – fatores de eficácia da equipe.

- Como foi o entendimento do objetivo da atividade.
- Como foi a motivação do grupo.
- Como foi a comunicação durante a atividade.
- Como foi o processo decisório – tira/põe/mantém peças.
- Como foi o relacionamento durante a atividade.
- Como foi a liderança.
- Houve inovação?

Generalização

O grupo deverá escolher/descrever uma situação real de trabalho que se assemelhe à atividade.

Aplicação

Individualmente responda:

- Do que foi vivido na atividade o que pode ser aplicado no dia a dia trabalho?
- Do texto montado no dominó *Liderança*, aponte a questão mais marcante e que você irá aplicar no seu dia a dia

Jogo

Recortar o jogo abaixo de forma que fique como peças de um dominó

"Eu nunca deixava as pessoas terminarem uma frase." Que mensagens você passa a uma pessoa quando a interrompe no meio de uma frase?	É a habilidade de influenciar pessoas para trabalharem entusiasticamente visando atingir objetivos considerados para o bem comum.
Ao examinar o desempenho, o que o líder deve demonstrar ao liderado?	Ao trabalhar com pessoas e conseguir que as coisas se façam por meio delas, sempre haverá duas dinâmicas em jogo: a tarefa e o relacionamento. É preciso se concentrar nas duas. Executar as tarefas, enquanto se constroem os relacionamentos.
As características pessoais de liderança são inerentes ou adquiridas?	É a faculdade de exigir que alguém faça o que você precisa, por causa de sua posição ou força, mesmo que a pessoa preferisse não fazer. De uma forma ou de outra, logo esta pessoa irá se rebelar.
Como criar um ambiente que dê suporte às tomadas de decisão e execução de tarefas?	Avalie o sistema social da empresa, a interação entre os profissionais, o fluxo de informações e use seu know-how para identificar problemas antes que se transformem em sérios transtornos, busque fazer uma abordagem proativa para mitigá-los.
Como envolver as pessoas e fazer com que se comprometam com o que você diz?	A confiança é a cola que gruda os relacionamentos. Ser autêntico, sem narcisismo ou arrogância.

Como estabelecer autoridade com os diferentes tipos de pessoas com as quais lidamos?	A liderança começa com uma escolha. Em um campo de concentração, você pode testemunhar pessoas comportarem-se como porcos, enquanto outros como santos. O homem tem ambas as potencialidades dentro de sí, a que se efetiva depende das decisões, não das condições.
Como pode ser definida a Liderança?	É difícil e requer esforço, por isto é preciso vontade. Quando nossas idéias são desafiadas, somos forçados a repensar nossa posição, e isso é sempre desconfortável. "O diferente é uma ameaça à ordem". Pessoas diferentes têm necessidades diferentes, o líder precisa ser flexível. Necessidades são diferentes de vontades. Um líder é alguém que identifica e busca satisfazer as necessidades legítimas de seus liderados.
É possível normatizar o comportamento do outro?	Honestidade e confiabilidade, responsabilidade e compromisso, bom exemplo, tratar as pessoas com respeito, cuidado, paciência, ter atitude positiva e entusiástica e ser bom ouvinte.
O que acontece quando a energia interna da área está se dissipando em brigas e intrigas?	Número um, se você me interrompeu é porque não estava prestando muita atenção ao que eu dizia. Número dois, se você se recusa a me ouvir, não está valorizando a minha opinião. E finalmente, você deve acreditar que o que tem a dizer é muito mais importante do que o que eu tenho a dizer.
O que é autoridade?	Porque há uma relação direta e positiva entre o líder estar prestando atenção às pessoas e o aumento da produtividade. Comportamentos positivos produzem sentimentos positivos.

O que é poder ?	Tudo o que o líder faz envia uma mensagem. Integridade, compromisso e investimento nos liderados, clareza a respeito do que se pretende do grupo, disposição em transmitir tanto as boas quanto as más notícias. Dar retorno, consideração e reconhecimento.
Por que a capacidade de dar atenção aos outros seria uma importante qualidade para um líder?	O líder deve mostrar a distância entre o desempenho do empregado e o desempenho esperado sem dar uma bronca, deve fazer isto de forma calma, clara, respeitosa e firme.
Por que é importante não perder a linha na frente dos outros?	Ouvir é uma das habilidades mais importantes que um líder pode escolher para desenvolver. Ouvir ativamente requer esforço consciente e disciplinado, estar totalmente presente é sinal de respeito e significa para o outro que ele é importante para você. Muitas vezes, as pessoas querem mais atenção para o que dizem do que para o atendimento de suas reivindicações.
Qual é o ingrediente mais importante num relacionamento bem sucedido?	Porque chicotas em público são constrangedoras e horríveis de presenciar, as pessoas se perguntam: "quando será a minha vez?". Nem sempre conseguimos controlar o que sentimos a respeito de outra pessoa, mas podemos controlar como nos comportamos em relação a outras pessoas. É preciso mostrar autocontrole em face das adversidades.
Qual é o método para captar os sinais de alerta que surgem e vão ganhando força?	É preciso estabelecer regras e limites claros. Expor claramente sua posição a respeito das coisas. Avaliar situações, analisá-las e chegar ao âmago das questões. Conduzir o diálogo no sentido de moldar o comportamento, persuadir.

Que habilidade você escolheria para desenvolver ?	É preciso estabelecer um fluxo contínuo de comunicações e que as informações necessárias estejam disponíveis na forma correta.
Que orgãozinho de uns sete centímetros pode exercer total controle sobre uma pessoa de dois metros?	Conflitos e guerras de ego entre pessoas tiram a força da equipe para enfrentar os desafios. A área só pode funcionar efetivamente no máximo de seu potencial, se todos estiverem empurrando as coisas na mesma direção. Conflitos devem ser exteriorizados e resolvidos.
Que qualidades são essenciais para que se tenha a liderança assegurada?	No meio do caminho entre a cabeça e o coração está a língua, que tanto pode ajudar como atrapalhar nossas vidas. A propensão para entrar em encrencas pela língua é muito grande. Palavras tanto podem arruinar como solidificar.
Se liderar é influenciar os outros, como levar as pessoas a fazer o que precisamos?	Essa discussão é irrelevante, porque os traços de personalidade e os padrões de pensamento, inatos ou não, já estão definidos quando a pessoa entra para a força de trabalho. Mas estes fatores o fazem chegar só até certo ponto. Daí em diante, ser um líder bem sucedido depende de cultivar e praticar as competências necessárias e refinar suas características pessoais. A habilidade melhora com a prática.
Sobre o que se constrói a autoridade?	É a habilidade de levar as pessoas a fazerem de boa vontade o que você precisa, por causa de sua influência pessoal.

FOLHA DO ÁRBITRO

Ao examinar o desempenho, o que o líder deve demonstrar ao liderado?	O líder deve mostrar a distância entre o desempenho do empregado e o desempenho esperado sem dar uma bronca, deve fazer isto de forma calma, clara, respeitosa e firme.
As características pessoais de liderança são inerentes ou adquiridas?	Essa discussão é irrelevante, porque os traços de personalidade e os padrões de pensamento, inatos ou não, já estão definidos quando a pessoa entra para a força de trabalho. Mas estes fatores o fazem chegar só até certo ponto. Daí em diante, ser um líder bem sucedido depende de cultivar e praticar as competências necessárias e refinar suas características pessoais. A habilidade melhora com a prática.
Como criar um ambiente que dê suporte às tomadas de decisão e execução de tarefas?	É preciso estabelecer um fluxo contínuo de comunicações e que as informações necessárias estejam disponíveis na forma correta.
Como envolver as pessoas e fazer com que se comprometam com o que você diz?	Tudo o que o líder faz envia uma mensagem. Integridade, compromisso e investimento nos liderados, clareza a respeito do que se pretende do grupo, disposição em transmitir tanto as boas quanto as más notícias. Dar retorno, consideração e reconhecimento.
Como estabelecer autoridade com os diferentes tipos de pessoas com as quais lidamos?	É difícil e requer esforço, por isto é preciso vontade. Quando nossas idéias são desafiadas, somos forçados a repensar nossa posição, e isso é sempre desconfortável. "O diferente é uma ameaça à ordem". Pessoas diferentes têm necessidades diferentes, o líder precisa ser flexível. Necessidades são diferentes de vontades. Um líder é alguém que identifica e busca satisfazer as necessidades legítimas de seus liderados.
Como pode ser definida a Liderança?	É a habilidade de influenciar pessoas para trabalharem entusiasticamente visando atingir objetivos considerados para o bem comum.

É possível normatizar o comportamento do outro?	É preciso estabelecer regras e limites claros. Expor claramente sua posição a respeito das coisas. Avaliar situações, analisá-las e chegar ao âmago das questões. Conduzir o diálogo no sentido de moldar o comportamento, persuadir.
"Eu nunca deixava as pessoas terminarem uma frase." Que mensagens você passa a uma pessoa quando a interrompe no meio de uma frase?	Número um, se você me interrompeu é porque não estava prestando muita atenção ao que eu dizia. Número dois, se você se recusa a me ouvir, não está valorizando a minha opinião. E finalmente, você deve acreditar que o que tem a dizer é muito mais importante do que o que eu tenho a dizer.
O que acontece quando a energia interna da área está se dissipando em brigas e intrigas?	Conflitos e guerras de ego entre pessoas tiram a força da equipe para enfrentar os desafios. A área só pode funcionar efetivamente no máximo de seu potencial, se todos estiverem empurrando as coisas na mesma direção. Conflitos devem ser exteriorizados e resolvidos.
O que é autoridade?	É a habilidade de levar as pessoas a fazerem de boa vontade o que você precisa, por causa de sua influência pessoal.
O que é poder ?	É a faculdade de exigir que alguém faça o que você precisa, por causa de sua posição ou força, mesmo que a pessoa preferisse não fazer. De uma forma ou de outra, logo esta pessoa irá se rebelar.
Por que a capacidade de dar atenção aos outros seria uma importante qualidade para um líder?	Porque há uma relação direta e positiva entre o líder estar prestando atenção às pessoas e o aumento da produtividade. Comportamentos positivos produzem sentimentos positivos.
Por que é importante não perder a linha na frente dos outros?	Porque chicotas em público são constrangedoras e horríveis de presenciar, as pessoas se perguntam: "quando será a minha vez?". Nem sempre conseguimos controlar o que sentimos a respeito de outra pessoa, mas podemos controlar como nos comportamos em relação a outras pessoas. É preciso mostrar autocontrole em face das adversidades.

Qual é o ingrediente mais importante num relacionamento bem sucedido?	A confiança é a cola que gruda os relacionamentos. Ser autêntico, sem narcisismo ou arrogância.
Qual é o método para captar os sinais de alerta que surgem e vão ganhando força?	Avalie o sistema social da empresa, a interação entre os profissionais, o fluxo de informações e use seu know-how para identificar problemas antes que se transformem em sérios transtornos, busque fazer uma abordagem proativa para mitigá-los.
Que habilidade você escolheria para desenvolver?	Ouvir é uma das habilidades mais importantes que um líder pode escolher para desenvolver. Ouvir ativamente requer esforço consciente e disciplinado, estar totalmente presente é sinal de respeito e significa para o outro que ele é importante para você. Muitas vezes, as pessoas querem mais atenção para o que dizem do que para o atendimento de suas reivindicações.
Que orgãozinho de uns sete centímetros pode exercer total controle sobre uma pessoa de dois metros?	No meio do caminho entre a cabeça e o coração está a língua, que tanto pode ajudar como atrapalhar nossas vidas. A propensão para entrar em encrencas pela língua é muito grande. Palavras tanto podem arruinar como solidificar.
Que qualidades são essenciais para que se tenha a liderança assegurada?	Honestidade e confiabilidade, responsabilidade e compromisso, bom exemplo, tratar as pessoas com respeito, cuidado, paciência, ter atitude positiva e entusiástica e ser bom ouvinte.
Se liderar é influenciar os outros, como levar as pessoas a fazer o que precisamos?	Ao trabalhar com pessoas e conseguir que as coisas se façam por meio delas, sempre haverá duas dinâmicas em jogo: a tarefa e o relacionamento. É preciso se concentrar nas duas. Executar as tarefas, enquanto se constroem os relacionamentos.
Sobre o que se constrói a autoridade?	A liderança começa com uma escolha. Em um campo de concentração, você pode testemunhar pessoas comportarem-se como porcos, enquanto outros como santos. O homem tem ambas as potencialidades dentro de sí, a que se efetiva depende das decisões, não das condições.

Dinâmica de Texto – Perguntas

Tema: Liderança

1. Como pode ser definida a Liderança?

É a habilidade de influenciar pessoas para trabalharem entusiasticamente visando atingir objetivos considerados para o bem comum.

2. Se liderar é influenciar os outros, como levar as pessoas a fazer o que precisamos?

Ao trabalhar com pessoas e conseguir que as coisas se façam por meio delas, sempre haverá duas dinâmicas em jogo: a tarefa e o relacionamento. É preciso se concentrar nas duas. Executar as tarefas, enquanto se constroem os relacionamentos.

3. O que é poder ?

É a faculdade de exigir que alguém faça o que você precisa, por causa de sua posição ou força, mesmo que a pessoa preferisse não fazer. De uma forma ou de outra, logo esta pessoa irá se rebelar.

4. O que é autoridade?

É a habilidade de levar as pessoas a fazerem de boa vontade o que você precisa, por causa de sua influência pessoal.

5. Qual é o ingrediente mais importante num relacionamento bem sucedido?

A *confiança* é a cola que gruda os relacionamentos. Ser autêntico, sem narcisismo ou arrogância.

6. Como estabelecer autoridade com os diferentes tipos de pessoas com as quais lidamos?

É difícil e requer esforço, por isto é preciso ***vontade***. Quando nossas ideias são desafiadas, somos forçados a repensar nossa posição, e isso é sempre desconfortável.

"O diferente é uma ameaça à ordem". Pessoas diferentes têm necessidades diferentes, o líder precisa ser flexível. Necessidades são diferentes de vontades. Um líder é alguém que identifica e busca satisfazer as necessidades legítimas de seus liderados.

7. Que qualidades são essenciais para que se tenha a liderança assegurada?

Honestidade e confiabilidade, responsabilidade e compromisso, bom exemplo, tratar as pessoas com respeito, cuidado, paciência, ter atitude positiva e entusiástica e ser bom ouvinte.

8. "...eu nunca deixava as pessoas terminarem uma frase". Que mensagens você passa a uma pessoa quando a interrompe no meio de uma frase?

Número um, se você me interrompeu é porque não estava prestando muita atenção ao que eu dizia. Número dois, se você se recusa a me ouvir, não está valorizando a minha opinião. E finalmente, você deve acreditar que o que tem a dizer é muito mais importante do que o que eu tenho a dizer.

9. Por que a capacidade de dar atenção aos outros seria uma importante qualidade para um líder?

Porque há uma relação direta e positiva entre o líder estar prestando atenção às pessoas e o aumento da produtividade. Comportamentos positivos produzem sentimentos positivos.

10. Como envolver as pessoas e fazer com que se comprometam com o que você diz?

Tudo o que o líder faz envia uma mensagem. Integridade, compromisso e investimento nos liderados, clareza a respeito do que se pretende do grupo, disposição em transmitir tanto as boas quanto as más notícias. Dar retorno, consideração e reconhecimento.

11. Sobre o que se constrói a autoridade?

A liderança começa com uma escolha. Em um campo de concentração, você pode testemunhar pessoas comportarem-se como porcos, enquanto outros como santos. O homem tem ambas as potencialidades dentro de si, a que se efetiva depende das decisões, não das condições.

12. Que habilidade você escolheria para desenvolver ?

Ouvir é uma das habilidades mais importantes que um líder pode escolher para desenvolver. Ouvir ativamente requer esforço consciente e disciplinado, estar totalmente presente é sinal de respeito e significa para o outro que ele é importante para você. Muitas vezes, as pessoas querem mais atenção para o que dizem do que para o atendimento de suas reivindicações.

13. Por que é importante não perder a linha na frente dos outros?

Porque chacotas em público são constrangedoras e horríveis de presenciar, as pessoas se perguntam: "Quando será a minha vez?". Nem sempre conseguimos controlar o que sentimos a respeito de outra pessoa, mas podemos controlar como nos comportamos em relação a outras pessoas. É preciso mostrar autocontrole em face das adversidades.

14. Ao examinar o desempenho, o que o líder deve demonstrar ao liderado?

O líder deve mostrar a distância entre o desempenho do empregado e o desempenho esperado sem dar uma bronca, deve fazer isto de forma calma, clara, respeitosa e firme.

15. É possível normatizar o comportamento do outro?

É preciso estabelecer regras e limites claros. Expor claramente sua posição a respeito das coisas. Avaliar situações, analisá-las e chegar ao âmago das questões. Conduzir o diálogo no sentido de moldar o comportamento, persuadir.

16. Como criar um ambiente que dê suporte às tomadas de decisão e execução de tarefas?

É preciso estabelecer um fluxo contínuo de comunicações e que as informações necessárias estejam disponíveis na forma correta.

17. O que acontece quando a energia interna da área está se dissipando em brigas e intrigas?

Conflitos e guerras de ego entre pessoas tiram a força da equipe para enfrentar os desafios. A área só pode funcionar efetivamente no máximo de seu potencial, se todos estiverem empurrando as coisas na mesma direção. Conflitos devem ser exteriorizados e resolvidos.

18. Que orgãozinho de uns sete centímetros pode exercer total controle sobre uma pessoa de dois metros?

No meio do caminho entre a cabeça e o coração está a língua, que tanto pode ajudar como atrapalhar nossas vidas. A propensão para entrar em encrencas pela língua é muito grande. Palavras tanto podem arruinar como solidificar.

19. As características pessoais de liderança são inerentes ou adquiridas?

Essa discussão é irrelevante, porque os traços de personalidade e os padrões de pensamento, inatos ou não, já estão definidos quando a pessoa entra para a força de trabalho. Mas estes fatores o fazem chegar só até certo ponto. Daí em diante, ser um líder bem sucedido depende de cultivar e praticar as competências necessárias e refinar suas características pessoais. A habilidade melhora com a prática.

20. Qual é o método para captar os sinais de alerta que surgem e vão ganhando força?

Avalie o sistema social da empresa, a interação entre os profissionais, o fluxo de informações e use seu *know-how* para identificar problemas antes que se transformem em sérios transtornos, busque fazer uma abordagem proativa para mitigá-los.

Encontrando-se em Cada Fase

Criação: Beth Castilho, Evaldo Negreiros, Lourdes Ribeiro, Mônica Esteves, Sandra Mendes, Sônia Oliveira e Thelma Teixeira.

Tema

Integração e afeição.

Fase de Grupo

Abertura.

Objetivos

Facilitar o auto e hetero conhecimento, propiciando a aproximação entre os participantes.

Refletir sobre o momento atual e a importância de uma vida saudável.

Tamanho do Grupo

Qualquer tamanho, desde que sejam feitas as dequações.

Tempo

90 minutos (aproximado).

Arranjo Físico

Sala ampla, com cadeiras móveis, para circular.

Material Necessário

- CD com músicas de várias gerações;
- Cartazes com noticias, eletrodomésticos, cantores que caracterizam cada década (galeria de arte);
- *Flipchart;*
- Várias fitas coloridas (de mais ou menos, um metro cada cor);
- Multimídia.

Vivência

Contextualização

- Convidar o grupo para um passeio na sua existência, ao som de uma música relaxante.
- Contar uma das histórias do Livro: Caderno dos Contos para as Fases da Vida – Projeto Convivendo com Arte.

Vivência propriamente dita

- Convidar o grupo para um passeio pela Galeria da Vida: "vocês farão uma caminhada pela sala, ao som de músicas de várias décadas. Como se estivessem em uma galeria de artes – no túnel do tempo".
- À medida que caminham, são retirados os papéis que cobrem os painéis.
- "A galeria terá espaço para os anos 40, 50, 60 e 70. Em cada espaço, vocês encontrarão gravuras e reportagens da época. Leiam as notícias, apreciem os acontecimentos e todas as informações disponibilizadas".
- "Após o passeio, assentem nas cadeiras próximas ao espaço em que se sentirem mais confortáveis. Com-

partilhem com os colegas os melhores momentos vividos em cada década". Compartilhem os aprendizados.

Relato de Sentimentos

Qual a cor da sua vida? Qual é a cor do grupo?

Convidar cada participante a escolher uma fita, que estará disponível no centro da sala, para representar o sentimento experienciado.

Formar subgrupos de mesma cor, ou cores semelhantes, para partilhar as percepções, descobertas pessoais e sentimentos.

Convidar o grupo a amarrar uma das pontas da sua fita ou fitas com as demais de modo a formar um buquê e uma grande roda. "A dança de roda é o resgate da infância e da espontaneidade. É através do brincar que definimos o nosso futuro trabalhar. Experienciar esse momento é uma oportunidade de brincar. Quem nunca dançou, cantou, que o faça agora. Cada um segura uma ponta do buque, formando uma grande roda e girando, dançam e cantam uma ciranda".

Processamento

Salientar que o momento é de encontro pessoal e resgate do convívio com os demais, enfatizando o compartilhar, o cooperar e a credibilidade adquirida durante a vida.

Perguntar: O que diferencia cada participante? O que têm em comum?

Que fase caracteriza este grupo? E que cor os representa?

Solicitar que cada representante ao se ver neste novo contexto reveja sua fita: Você acrescenta mais uma cor? Mantém a mesma? Ou você troca a fita?

Aprendizados com a vivência.

Generalização

Exposição dialogada fundamentada na Antroposofia – os Setênios – de Rudolf Steiner e na visão analítica de Jung. Ressaltar a contribuição de cada fase e que os conflitos são necessários para o desenvolvimento como Ser Humano.

Abordar o valor da experiência e da contribuição de cada um para o sucesso de todos.

Refletir sobre o tempo cronológico e o *Kairós*. Na estrutura linguística, simbólica e temporal da civilização moderna, geralmente emprega-se uma só palavra para significar a noção de *tempo*. Os gregos antigos tinham duas palavras para o tempo: *chronos* e *kairos*. Enquanto o primeiro referia-se ao tempo cronológico ou sequencial (o tempo que se mede), este último é um momento indeterminado no tempo em que algo especial acontece: a experiência do momento oportuno. O termo é usado também em teologia para descrever a forma qualitativa do tempo, como o *tempo de Deus*, enquanto *khronos* é de natureza quantitativa, o *tempo dos homens*.

Aplicação

Como podem aplicar os aprendizados e as reflexões no seu cotidiano?

O que ressignificariam?

Eneagrama

Adriana Galuppo, Lourdes Ribeiro e Osanete Oliveira

Tema

Autoconhecimento, conhecimento do outro por meio do Eneagrama.

Fase de Grupo

Inclusão.

Objetivos

Promover o autoconhecimento sob a fundamentação do Eneagrama.

Tamanho do Grupo

A partir de 12 pessoas.

Tempo

120 minutos.

Arranjo Físico

Sala ampla e confortável.

Material Necessário

- Placas: Pensar/Realizar/Estabelecer Contato;
- Fichas Coloridas Amarela – Pensar, Azul – Realizar e Vermelha – Sentir;
- 3 Cartazetes: Físico/Mental/Emocional
- 50 copos descartáveis;
- Talheres descartáveis – 25 facas e 25 garfos;
- 1 rolo de barbante;
- 3 caixas de fósforo.

Vivência

Convidar todos para uma vivência.

1ª Atividade

Vamos dividi-los em três grupos, que podem ter números diferentes de participantes.

Consigna: À medida que apresentarmos as opções vocês irão escolher qual o grupo de sua primeira preferência. O local será indicado pela placa 1, 2 ou 3.

A facilitadora lê cada uma das três placas (devem ser confeccionadas em cores diferentes).

Placa 1

PENSAR A ATIVIDADE PROPOSTA
Convite: este grupo precisa de pessoas que gostem de pensar, idealizar, planejar como será a atividade, quem ficará com as tarefas, o que irão necessitar etc.

Placa 2

REALIZAR A ATIVIDADE PENSADA

Convite: este grupo precisa de pessoas que gostem de executar, de colocar a mão na massa, de ir para o fazer imediato, tratando de dar formas e concretude ao planejado.

Placa 3

ESTABELECER CONTATOS, PROMOVER E DIVULGAR

Convite: este grupo precisa de pessoas que tenham facilidade em fazer contatos, usem bem a comunicação e conseguirão promover o evento através da sua rede de relacionamentos.

Após as decisões e escolhas dos locais, cada participante receberá uma ficha correspondendo ao grupo escolhido:

Grupo 1 PENSAR – ficha amarela

Grupo 2 REALIZAR – ficha azul

Grupo 3 SENTIR – ficha vermelha

A facilitadora coloca uma música bem suave enquanto a outra facilitadora assume a consigna seguinte... Convidamos todos vocês para um momento:

2ª Atividade: Vamos caminhar pela sala e à medida que eu (facilitadora) parar a música, cada um de vocês procurará a pessoa que estiver mais próxima e dirá a ela o que você admira nela. Depois entrega a essa pessoa uma ficha (amarela, azul ou vermelha), que no seu julgamento a pessoa mais se assemelha como sendo pensadora, realizadora ou sentidora.

3ª Atividade: Encher balões ou desenrolar aramados de barbantes ou empilhar copos ou separar talheres de plástico ou separar palitinhos de fósforo de tamanhos variados ou desentortar cabides de arame.

Por exemplo: Cada pessoa terá o desafio de encher três balões e amarrá-los, simplesmente pela tarefa de enchê-los e amarrá-los, assim como as demais tarefas. Simplesmente por fazê-las.

4ª Atividade: Visitação aos Centros – Físico/Mental/Emocional

...Preparamos três cartazes e convidamos vocês para visitarem cada um deles.

...Agora que visitaram os três cartazes gostaria que vocês ficassem próximos daquele que mais o identifica.

...E por fim peço que conversem a respeito do cartaz escolhido e comentem a percepção que você traz a respeito do colega que também escolheu o mesmo cartaz. Você o percebia nesse centro?

Relato de Sentimentos

Como se sentiram durante a 1ª atividade, e a 2ª e a 3ª e a 4ª.

Em qual dos momentos sentiram-se melhor?

Processamento

Como aconteceu a vivência?

Qual a cor de ficha que você mais ganhou?

Quantas fichas vermelhas, azuis e amarelas, então o GRUPO é a cor...?

Generalização

Agora vamos falar um pouquinho sobre os três centros do ENEAGRAMA.

Preparar um texto que vai orientar nessa explicação.

Após a apresentação da síntese dos centros, conferir com os participantes se *bateu*, ou seja, fez sentido...

A seguir, as três placas para a atividade.

PENSAR, PLANEJAR A ATIVIDADE.

REALIZAR A ATIVIDADE PENSADA.

ESTABELECER CONTATOS, PROMOVER E DIVULGAR.

Aplicação

O que pode ser destacado como descoberta para si próprio e dos colegas. Como colocar em prática.

Peça que batam palmas para eles mesmos. (Aplausos!)

Feedback com Música

Criação: Renata Pelucci e Walkiria Monteiro

Tema:

Feedback, trabalho em equipe, relacionamento interpessoal.

Fase do Grupo:

Controle.

Objetivos:

Propiciar aos participantes uma reflexão sobre o impacto que causam no outro. Dar e receber *feedback*. (Por envolver *feedback* ela é mais adequada para grupos que já possuam alguma convivência).

Tamanho do Grupo:

28 participantes.

Tempo:

Duas horas e 30 min.

Arranjo Físico:

Sala ampla que possibilite a reunião em subgrupos separados, de forma a possibilitar a discussão sem interferir nos demais grupos.

Material Necessário:

- Tarjetas e caneta. Conhecimento de letras de músicas diversas.

Vivência:

a) Dividir o grupo em subgrupos com quatro participantes ou com o número proporcional, para ter o mesmo número de participantes em cada subgrupo.

b) Nominar os subgrupos como A, B, C, D, E, F...

c) O subgrupo A vai passar o feedback para o subgrupo B, este para o C e assim por diante.

d) Os participantes vão pensar e trocar percepções no seu subgrupo sobre a atuação de cada participante do grupo indicado. A história e características do participante no grupo deverão ser associadas com uma música, que será escolhida para ser cantada ou lida pelo grupo para o participante.

e) As músicas serão apresentadas aos participantes do grupo indicado, proporcionando o dar e receber *feedback*.

Relato de Sentimentos

Solicitar a cada participante que expresse livremente o sentimento que permanece, após conclusão da atividade.

Processamento

Como foi a realização da atividade?

Generalização

Apresentar conceitos básicos sobre *Feedback*.

Perguntar aos participantes: Que fatores sinalizados na sua imagem perante ao grupo foram mais significativos para sua reflexão?

Aplicação

Solicitar aos participantes que relatem as contribuições concretas que a vivência trouxe para a sua vida.

FIB – Felicidade Interna Bruta:
Um Novo Paradigma de Desenvolvimento Humano

Criação: Beatriz Delgado, Beth Castilho, Evaldo Negreiros, Sandra Mendes, Thelma Teixeira e Walkíria Monteiro.

Tema

Sensibilização Grupal.

Fase do Grupo

Controle.

Objetivo

Refletir sobre o conceito FIB como um novo paradigma de desenvolvimento humano e levá-lo para as empresas e instituições em forma de ideias implementadoras.

Tamanho do Grupo

No máximo 30 pessoas.

Tempo

Aproximadamente duas horas.

Arranjo Físico

Sala ampla com cadeiras móveis.

Material Necessário

- Multimídia;
- *Flipchart.*

Vivência

I : Ambientação e Contextualização do Tema – 20 min.

- Sintetizar a proposta e convidar o grupo para conhecer o resultado do seu teste sobre o FIB, já respondido.

II: Convidar o grupo para uma atividade de dramatização – 40 min.

- Solicitar dois voluntários para representar o PIB – Produto Interno Bruto e o FIB – Felicidade Interna Bruta. O papel de cada um é realçar a importância e valor do seu Produto, fazendo com que ele sobressaia sobre o outro.
- Durante o embate, convidar outras pessoas para assumirem a posição.
- Fazer a troca de papéis em momentos de discussão acalorada.
- Convidar dois participantes do grupo (definidos anteriormente) para assumir os papéis.
- Fechar a discussão quando os principais focos sobre o tema já tiverem sido abordados.
- Agradecer aos participantes e passar ao Processamento.

Obs.: Se necessário, poderão ser usadas as técnicas básicas do psicodrama.

Processamento da Vivência – 20 min.

Relato de Sentimento – Expressar os sentimentos, sensações e percepções vivenciados durante a dramatização.

- **Realce das Características de cada Produto –** Através de discussão orientada, anotar em duas colunas as principais características do PIB e do FIB, expressas pelos participantes. Checar com o grupo a concordância ou não dos aspectos apontados e acrescentar, mudar e/ou fazer ajustes conforme opiniões e a teoria lida.

Generalização – 20 min.

Apresentação da Teoria – através de slides, conduzir uma discussão orientada sobre o tema

- **Exploração dos ganhos** – checar os ganhos individuais e para empresa/organização, propiciados pelo tema.

Aplicação – 10min.

O que podemos fazer a partir daqui?

Encerramento – 10 min

Apresentação do texto Felicidade Realista, de Mário Quintana.

Links com artigos sobre o tema:

http://www.visaofuturo.org.br

http://www.felicidadeinternabruta.org.br/

http://felicidadeinternabruta.blogspot.com.br

http://www.ecodesenvolvimento.org

http://planetasustentavel.abril.com.br

http://www.undp.org.bt/

Alternativa de Utilização da Técnica FIB para Grupos Maiores

(Realizada no COMRH – Congresso Mineiro de Recursos Humanos da ABRH/2011)

Beatriz Delgado, Beth Castilho, Sandra Mendes, Virgínia Gherard, Walkíria Monteiro

Vivência

I : Ambientação – 10 min.

Aplicação do teste FIB (Anexo 1).

II: Contextualização do Tema – 10 min.

Discussão orientada caracterizando os conceitos FIB e BIP – usar slides para iniciar,

III: Convidar o grupo para uma atividade sobre o tema – Discórdia Respeitosa – 15 min. (***Discórdia Respeitosa:*** técnica de Andy Kirby em *150 Jogos de Treinamento*, T&D Editora, 1995)

Dividir o grupo em duas alas. Uma vai representar o PIB – Produto Interno Bruto e a outra o FIB – Felicidade Interna Bruta. Estes são os temas de cada ala.

Formar dupla com o colega próximo e nomear um **A** e outro **B**.

Instruir: Vocês vão assumir pontos de vista opostos e buscar convencer o seu par. Não importa que vocês tenham as mesmas opiniões, aqui você vai representar um papel e cada um vai fazer o que puder para persuadir o outro a mudar de opinião.

Para começar, o **A** vai argumentar **a favor do tema** enquanto **B vai se opor ao tema**. Serão dadas outras instruções durante a atividade.

- Deixar um minuto, bater uma palma para interromper e avisar que deverão inverter os papéis.
- Deixar um minuto, bater uma palma e avisar que vão inverter novamente e que agora as respostas devem ser na forma "compreendo/concordo/respeito... E..." (observe o e, e não mas).
- Deixar um minuto, bater a palma e inverter mais uma vez os papéis, mantendo as palavras "compreendo/concordo/respeito... E..."
- Encerrar.

Obs.: o controle do tempo deve favorecer uma discussão acalorada.

Processamento e Generalização – 30 min.

- Fechar a discussão, levantando os principais argumentos utilizados e os sentimentos e percepções observados durante a discussão.
- Agradecer a colaboração e convidar o grupo para conhecer o resultado do seu teste sobre o FIB, já respondido.
- Dar continuidade com uma discussão orientada sobre o tema, com o auxílio dos slides.

Aplicação – 25 min.

- Convidar os participantes a estabelecerem uma meta de ação individual a partir dos resultados do teste e da discussão orientada.

- Formar grupos de seis participantes para estabelecerem propostas para o desafio: como aplicar o FIB nos seus locais de trabalho? Listar sugestões concretas de aplicação do conceito FIB nas Empresas.
- Fazer a apresentação grupal.

Encerramento – 5 min.

Fechar com pensamentos retirados do texto *Felicidade Realista*, de Mário Quintana

Alternativas sugeridas:

- Convidar o grupo a caminhar pela sala pensando no seu conceito de FIB e PIB enquanto olha os demais participantes e os cumprimenta com acenos.
- Formar dois grupos de simpatizantes: FIB e PIB.
- Formar subgrupos de cada tema, ajustando o número de participantes – sete a dez.
- Cada subgrupo deve caracterizar o conceito PIB ou FIB a que pertence.
- Cada subgrupo escolhe um representante para apre-sentar e defender as ideias relacionadas ao FIB e PIB perante todos.
- Montar um psicodrama com esses representantes, fazendo trocas e inversões, quando necessário.

Teste de Felicidade (Anexo 1)

	Com que frequência você...	Nunca	Raramente	Às vezes	Bastante	Sempre
1	Pratica exercícios físicos?					
2	Alimenta-se bem?					

3	Tem boa saúde?					
4	Considera-se bem remunerado?					
5	Gosta do trabalho que faz?					
6	Dorme bem?					
7	Está satisfeito com sua aparência?					
8	Acorda bem disposto?					
9	Tem uma vida confortável?					
10	Controla seu orçamento?					
11	Volta para casa com a sensação de dever cumprido?					
12	Consegue poupar?					
13	Traça objetivos para o futuro?					
14	Costuma alcançar as metas estipuladas?					
15	É reconhecido por suas qualidades?					
16	Compra as coisas que deseja?					
17	Vê o lado positivo das coisas?					
18	Aprende com seus erros?					
19	Sabe lidar com suas emoções?					
20	Administra bem o tempo?					
21	Costuma valorizar as coisas simples da vida?					

22	Aproveita as oportunidades que lhe são apresentadas?					
23	Sabe equilibrar vida profissional com vida pessoal?					
24	Está satisfeito com sua relação afetiva?					
25	Compartilha conhecimento?					
26	Encontra amigos/ família com frequência?					
27	Orgulha-se do caminho que traçou até agora?					
28	Ajuda a comunidade?					
29	Exerce seus direitos e deveres?					
30	Costuma ter contato com a natureza?					
31	Respeita as diferenças?					
32	Reflete a preocupação com o futuro do planeta em atitudes do cotidiano?					
	Peso	**0**	**1**	**2**	**3**	**4**
	Total					

Resultado

101 a 128 pontos (Muito Feliz!) Parabéns! Seu índice FIB atingiu a nota máxima! Isso demonstra que você sabe valorizar as pequenas coisas da vida e sabe encontrar um equilíbrio entre os quatro aspectos: corpo, bolso, mente e mundo. Continue assim, investindo na sua felicidade e bem-estar pessoal, todos os dias. Você só tem a ganhar!	
76 a 100 pontos (Feliz!) Seu índice FIB está quase ótimo. Você está no caminho certo para seu projeto de felicidade! Volte sempre ao nosso site e consulte as dicas. Lembre-se que felicidade é um projeto que construímos todos os dias.	
51 a 75 pontos (Satisfatório!) Você atingiu uma boa pontuação, mas seu índice FIB ainda pode melhorar! Analise suas respostas no teste, pense no que é importante pra você e leia sempre as dicas do site.	
26 a 50 pontos (Precisa tomar providências!) Seu índice FIB não atingiu uma boa pontuação. Através das perguntas do teste, você já percebeu que coisas simples como dormir bem e cuidar mais da saúde são fatores que influem diretamente na sua felicidade. Reveja suas respostas e avalie o que você pode melhorar no dia a dia. Temos certeza que, no próximo teste, o resultado vai ser outro!	
0 a 25 pontos (Reveja seu Projeto FIB agora!)	

Fonte – Icatu Hartford

http://www.felicidadeinternabruta.com.br/testes.php

Fluir

Criação: Adriana Galuppo, Cláudia Oliveira, Raquel Caetano, Rosangela Neves, Sandra Mendes e Virgínia Gherard.

Tema

Autoconhecimento, conhecimento do outro, valorização das qualidades e virtudes das pessoas.

Fase de Grupo

Inclusão.

Objetivos

Promover o autoconhecimento sob a fundamentação da psicologia positiva. Possibilitar aos participantes o aumento da autoestima. Permitir aos participantes comunicarem-se uns com os outros.

Tamanho do Grupo

Qualquer tamanho.

Tempo

60 minutos.

Arranjo Físico

Sala ampla e confortável.

Material Necessário

- Cartões com as seis virtudes, cartões com cada passo do processo (um por participante), folha de papel e caneta.

Vivência

Dividir em seis subgrupos (um subgrupo para cada virtude – SABEDORIA, JUSTIÇA, CORAGEM, HUMANIDADE, TEMPERANÇA E TRANSCENDÊNCIA). Os participantes devem escolher uma carta da virtude de sua preferência. As pessoas com a mesma virtude formarão os subgrupos.

Passo 1 – Pense em suas cinco maiores virtudes ou nas suas cinco maiores forças pessoais e anote no papel.

Compartilhe com seus colegas de subgrupo e solicite que contribuam com mais uma virtude que percebam em você.

Tempo: 10 minutos

Passo 2 – Pense em duas situações vivenciadas por você que lhe causaram emoções positivas. Anote no papel.

Compartilhe com seus colegas de subgrupo e escute as dos demais colegas do grupo.

Tempo: 15 minutos

Passo 3 – Pense em seus propósitos de vida. Anote no papel.

Compartilhe com seus colegas de subgrupo e escute os dos colegas do grupo.

Tempo: 15 minutos

Passo 4 – Você hoje está envolvido, dedicado, engajado com alguma determinada tarefa? Qual? Anote no papel.

Compartilhe com seus colegas de subgrupo e escute as dos colegas do grupo.

Tempo: 10 minutos

Passo 5 – Se você puder definir seu grau de realização na vida hoje, quanto você daria de um a cinco, sendo cinco o maior grau? Anote no papel.

Compartilhe com seus colegas de subgrupo e escute as dos colegas do grupo.

Tempo: 10 minutos

Passo 6 – Pense em seus relacionamentos – familiar, amizades, comunidade etc. Hoje você considera que são relacionamentos que mais constroem, gratificam, edificam ou promovem o contrário? Anote no papel.

Compartilhe com seus colegas de subgrupo e escute as dos colegas do grupo.

Tempo: 10 minutos

Passo 7 – E na sua família, seus pais e irmãos são pessoas que tendem a ser mais negativos esperando sempre o pior ou são mais positivos, acreditam num futuro? Anote no papel.

Compartilhe com seus colegas de subgrupo e escute as dos colegas do grupo.

Tempo: 10 minutos

Relato de Sentimentos

Formar a mandala dos sentimentos (fazer uma mandala com as cinco emoções básicas – MEDO/*PRETO*, ALEGRIA/

AMARELO, RAIVA/*VERMELHO*, TRISTEZA/*BRANCO* e AMOR/*ROSA*). Pergunte aos participantes como eles se sentem no momento.

Solicitar aos participantes que escolham os papéis nas cores das suas emoções e/ou sentimentos e colem na mandala.

Tempo: 05 minutos

Processamento

Registar em tarjetas as facilidades, dificuldades e aprendizagens.

Tempo: 10 minutos

Generalização

Nivelar conhecimento ou conceito, ou mesmo definição, sobre Psicologia Positiva. Solicitar que conversem em subgrupo e afinem uma definição para apresentarem ao grupão – O que é Psicologia Positiva? Como eles associam esta vivência com a Psicologia Positiva?

Tempo: 10 minutos

Construção do Painel de Aprendizagem. Apresentação das aprendizagens dos subgrupos.

Tempo: 10 minutos

Aplicação

O que pode ser destacado como descoberta para si próprio e para os demais colegas. Como colocar em prática. Passar o vídeo.

Peça que batam palmas para eles mesmos. (Aplausos!)

Tempo: 10 minutos

Foco

Criação: Maria Guadalupe Ribeiro, Sandra Fortes, Sílvia Roscoe

Inspirado no livro *Foco*, de Daniel Goleman

Tema:

Autodesenvolvimento.

Fase de Grupo:

Controle.

Objetivo:

Proporcionar o fortalecimento do foco interno, da autorreflexão e foco no outro.

Tamanho do Grupo:

Dez a trinta.

Tempo:

120 minutos.

Arranjo Físico:

Sala ampla.

Material Necessário:

- Formulário: Exercício da Autoconsciência;
- Texto da primeira leitura.
- Exercício: Foco na respiração – tradução de exercício de Daniel Goleman.
- Texto da segunda leitura.
- Orientações para exercício da Subtração.
- Exercício: Foco no outro.

Vivência:

Explicar o objetivo da vivência.

Lançar o desafio abaixo para os participantes.

Explicar que as orientações para as atividades serão ditas e/ou estarão escritas.

Desafios:

- Só falarem quando orientados.
- Se ficarem com dúvidas, vontade de falar, perguntar durante a atividade, devem registrar mentalmente o desejo e fixarem a atenção na atividade.
- Se alguns terminarem alguma das atividades antes dos outros, devem aguardar em silêncio a conclusão do restante do grupo.

Pedir para realizarem as atividades na sequência abaixo:

Etapas em silêncio:

- **Responder formulário: Exercício da Auto-consciência.**

- **Texto:** primeira leitura.
- **Exercício Foco na respiração.**
- **Texto:** segunda leitura.
- **Exercício: Subtração.**

Quando terminarem as etapas acima, devem formar as duplas, e somente no momento de troca de percepções poderão falar:

- **Exercício em dupla: Foco no outro.**

Depois de concluídas todas as etapas, devem voltar ao exercício Autoconsciência e marcar se algo mudou na sua percepção.

Relato de Sentimentos

Solicitar que expressem, em subgrupos, como se sentiram ao realizar a atividade.

Generalização

Solicitar aos participantes que, em subgrupos, compartilhem o que aprenderam com a atividade e como este aprendizado se relaciona com o que vivenciam no trabalho e na vida.

Aplicação

Pedir para os participantes escreverem o que se propõem a fazer diferente a partir do que aprenderam com a vivência.

Pedir para compartilharem em subgrupos ou no grupão.

Exercício da Autoconsciência

Numa escala de 0 a 10, sendo 0 muito ruim e 10 muito bom, como você classificaria:

	0	1	2	3	4	5	6	7	8	9	10
Sua capacidade de manter o foco durante a leitura de algo que lhe interesse.											
Sua capacidade de manter a mente atenta ao que está fazendo, durante uma atividade rotineira.											
Sua capacidade de manter a mente atenta ao que está fazendo, durante uma atividade desafiante.											
Sua capacidade de observar a sua respiração durante um exercício guiado.											
Sua força de vontade de fazer algo que sabe que será benéfico para você, mesmo que lhe gere algum desconforto inicial.											
Sua capacidade de prestar atenção a algo que uma pessoa está lhe contando, sem interromper ou divagar.											
Sua capacidade de parafrasear o que o outro lhe disse de forma precisa.											
Sua capacidade de perceber como você está se sentido em situações diversas.											
Sua capacidade de perceber como o outro está se sentindo em situações diversas.											
Sua capacidade de tirar aprendizados de experiências vividas.											
Sua capacidade de transpor aprendizados para outras situações de sua vida.											

Texto: Primeira Leitura

Leia o texto abaixo com atenção.

Faça uma marca no texto a cada vez que perceber que a sua mente divagou para algum som, sensação, pensamento ou qualquer outra coisa que não estivesse relacionada com o texto.

Depois que fizer a marca, retorne à leitura do texto.

Texto extraído das páginas 10 e 11 do livro *Foco,* de Daniel Goleman

No auge da Guerra Fria, me lembro de ter visitado um pesquisador que havia sido encarregado pelo Pentágono para estudar níveis de vigilância durante períodos de privação de sono de três a cinco dias – aproximadamente o tempo que os oficiais militares enfurnados em *bunkers* precisariam se manter acordados durante a Terceira Guerra Mundial. Felizmente, a experiência nunca precisou ser testada na prática, embora sua encorajadora descoberta tenha sido de que mesmo depois de três ou mais noites sem sono as pessoas ainda são capazes de prestar bastante atenção, caso suas motivações sejam fortes o suficiente (caso contrário, caem no sono imediatamente).

Muito recentemente, a ciência da atenção floresceu para muito além da vigilância. Essa ciência diz que nossa capacidade de atenção determina o nível de competência com que realizamos determinada tarefa. Se ela é ruim, nos saímos mal. Se ela é poderosa, podemos nos sobressair. A própria destreza na vida depende dessa habilidade sutil. Embora a conexão entre atenção e excelência permaneça oculta a maior parte do tempo, ela reverbera em quase tudo que tentamos realizar.

Essa ferramenta flexível se adapta a inúmeras operações mentais. Uma pequena lista de alguns pontos básicos inclui compreensão, memória, aprendizagem, percepção do que sentimos e porque, leitura das emoções dos outros e interação harmoniosa. Trazer à tona esse fator invisível de eficiência nos permite visualizar os benefícios de aprimorar essa faculdade mental e compreender melhor como fazer isso.

Através de uma ilusão de ótica da mente, costumamos registrar os produtos finais da atenção – nossas ideias boas e más, uma piscada de olhos reveladora ou um sorriso convidativo, o aroma do café recém passado – sem percebermos o sinal da própria consciência.

Apesar da importância que ela tem para a forma como levamos a vida, a atenção, em todas as suas variantes, representa um recurso mental subestimado e pouco percebido. Meu objetivo aqui é realçar essa vaga e depreciada habilidade no contexto das operações mentais e destacar seu papel na experiência de uma vida satisfatória.

Nossa jornada começa pela exploração de alguns pontos básicos da atenção. A atenção vigilante de John é apenas um deles. A ciência cognitiva realiza um amplo conjunto de estudos sobre concentração, atenção seletiva e consciência aberta, e também sobre como a mente direciona a atenção para dentro a fim de inspecionar e gerenciar operações mentais.

Foco na Respiração

Tradução de *Focus on Breath.* de Daniel Goleman

O facilitador conduz a atividade lendo o texto abaixo com voz tranquila. Nos momentos em que há pontos e números, o facilitador conta silenciosamente até o número escrito para depois retomar a leitura.

Orientações iniciais:

Vamos começar encontrando uma posição confortável sentado de forma ereta:

- Não muito rígida.
- Não muito relaxada.

Uma postura adequada e confortável pode ajudá-lo a ficar acordado e alerta.

Permita que os seus olhos se fechem gentilmente.

Se isso é desconfortável para você, mantenha o olhar no chão na sua frente.

Nós não queremos que você se distraia com o que vê.

Este momento é para você observar a sua respiração.

Traga sua atenção para a sua respiração:

- O natural e fácil fluxo de ar para dentro e fora do seu corpo.

Encontre a sensação em algum lugar do seu corpo que o ajude a acompanhar sua respiração.

Pode ser na sua narina ou o subir e descer da sua barriga.

Se ajudá-lo a encontrar um lugar para observar sua respiração, inspire fortemente e force o ar para fora, ape-nas uma vez.

Então deixe a sua respiração encontrar seu ritmo natural.

Não tente controlar sua respiração de qualquer forma.

Deixe ela fluir no seu próprio passo.

Traga sua atenção para a inspiração completa e a expiração completa.

E comece novamente com a próxima respiração, estando consciente de inspirar e expirar desde o começo da respiração.

Deixe que seja fácil e natural:

- Para dentro
- Para fora

- Para dentro
- Para fora

..................................46

Não há nenhuma necessidade de respirar de uma determinada maneira para isso.

Nenhuma velocidade na qual você deva estar respirando.

A forma que o seu corpo quiser respirar está boa.

Esteja consciente do inspirar completo, do expirar completo e do descanso entre respirações.

..................................46

Quando a sua mente vagar para algum outro lugar e você perceber que ela vagou, traga a consciência de volta para a sua respiração e comece de novo:

- Inspirando
- Expirando

...............................46

Trazendo a sua respiração de volta para a sensação de respirar.

...............................46

Qualquer som ou outras sensações são apenas uma distração agora.

Quando elas chegam à sua consciência, você pode fazer uma anotação mental daquilo que está ouvindo ou sentido.

Apenas tenha consciência disso e volte à sua respiração:

- Para dentro
- Para fora

....56

Agora nós não estamos focando em pensamentos.

Quando você se perceber pensando, faça uma nota mental:

- Pensando

Enquanto o pensamento termina, volte à sua respiração.

....50

Esteja consciente de toda inspiração, de toda expiração e da pausa entre elas.

....39

Observe cada respiração.

Toda respiração.

....32

Agora, quando se sentir pronto, abra os seus olhos.

Texto: Segunda Leitura

Leia o texto abaixo com atenção.

Faça uma marca no texto a cada vez que perceber que a sua mente divagou para algum som, sensação, pensamento ou qualquer outra coisa que não estivesse relacionada com o texto.

Depois que fizer a marca, retorne à leitura do texto.

Texto extraído das páginas 11 e 12 do livro *Foco.* de Daniel Goleman – continuação da primeira leitura.

Capacidades fundamentais derivam desses mecanismos básicos da nossa vida mental. A autoconsciência, por exemplo, promove a autogestão. A empatia, por sua vez, é a base da habilidade de se relacionar. São pontos fundamentais da inteligência emocional. Como veremos, a fraqueza desses pontos pode sabotar uma vida ou uma carreira, enquanto a força aumenta a realização e o sucesso.

Para além desses domínios, a ciência dos sistemas nos leva a dimensões mais amplas de foco ao observamos as coisas ao nosso redor, nos sintonizando aos sistemas complexos que definem e restringem nosso mundo. Esse foco externo nos impõe o desafio oculto que é nos ligarmos a esses sistemas vitais: nosso cérebro não foi projetado para essa tarefa, nos atrapalhamos. No entanto, estar consciente desses sistemas pode nos ajudar a compreender o funcionamento de uma organização, uma economia ou os processos globais que sustentam a vida neste planeta.

Tudo isso pode ser resumido em uma tríade: o foco interno, o foco no outro e o foco externo. Uma vida bem vivida exige que dominemos os três.

A boa notícia sobre a atenção vem dos laboratórios de neurociências e das salas de aula, onde descobertas apontam para as formas pelas quais podemos fortalecer esse músculo vital da mente. A atenção funciona como um músculo: pouco utilizada, ela definha; bem utilizada, ela melhora e se expande. Veremos como um treinamento inteligente pode desenvolver e refinar o músculo da nossa atenção e até mesmo reabilitar cérebros carentes de foco.

Para que obtenham resultados, líderes precisam dos três tipos de foco. O foco interno nos põe em sintonia com nossas intuições, nossos valores principais e nossas melhores decisões. O foco no outro facilita nossas ligações com as pessoas das nossas vidas. E o foco externo nos ajuda a navegar pelo mundo que nos rodeia. Um líder fora de sintonia com seu mundo interno será um desorientado; um líder cego para o mundo dos outros será um desinformado; os líderes indiferentes aos sistemas maiores dentro dos quais operam serão pegos de surpresa.

E não são apenas os líderes que se beneficiam de um equilíbrio neste foco triplo. Todos vivemos em ambientes intimidadores, cheios de tensão, metas competitivas e as tentações da vida moderna. Cada um dos três tipos de atenção pode nos ajudar a encontrar um equilíbrio com o qual podemos ser ao mesmo tempo felizes e produtivos.

A atenção do latim *attendere*, entrar em contato, nos conecta ao mundo, moldando e definindo a nossa experiência.

Exercício de Subtração

Pedir aos participantes que subtraiam setes sucessivamente de cem para que exercitem deixar a *zona de conversa* em silêncio.

Exemplo: 100 – 7 = 93 – 7 = 86 – 7 = ...

Exercício: Foco no Outro

Ainda em silêncio, forme uma dupla.

Leia as instruções abaixo e depois compartilhe com o colega:

1. Suas respostas ao questionário em linhas gerais.
2. Como estava sua atenção durante a primeira leitura. Por que?
3. Como estava sua atenção durante a atividade *Foco na Respiração*. Por que?
4. Como estava sua atenção durante a segunda leitura. Por que?
5. Como estava sua atenção durante o exercício de subtrair setes sucessivamente de 100.

Enquanto seu colega fala, preste total atenção a ele.

Depois de cada etapa, parafraseie em algumas palavras a essência do que o colega disse.

Troquem de papel.

Fotografando Sua Equipe

*Técnica Psicodramática

Técnica escrita e adaptada, por Thelma M. Teixeira, para Psicodrama Empresarial a partir de uma vivência realizada por Zerka Moreno.

Tema

Diagnóstico de equipe.

Fase de Grupo

Controle.

Objetivos

- Diagnosticar situação de equipes empresariais.
- Compreender sua postura nas relações dentro da equipe.
- Ampliar a percepção que os membros da equipe têm a seu respeito.

Tamanho do Grupo

De 15 a 20 participantes.

Tempo

60 minutos.

Arranjo Físico

Sala ampla.

Material Necessário

- 10 *templates* com fotografias de equipes.

Aquecimento

- Projetar slides com algumas fotografias de equipe e pedir que escolham a que causou maior impacto. Pedir que cada um fale sobre a foto escolhida.
- Pedir que fechem os olhos e cada um pense numa fotografia de trabalho que tenha sido tirada, ou imagine-se uma situação que poderia ter sido fotografada e que seja significativa. Pense onde ela está. Pode ser num álbum, na estante, numa gaveta, numa caixa, num bauzinho ou qualquer outro lugar.
- Dizer: "Pegue-a em suas mãos. Olhe bem para ela. Veja a posição de cada pessoa e a sua posição. Agora, guarde-a novamente e lentamente abra os olhos."
- Solicitar que alguém venha compartilhar com o grupo a sua fotografia. Explicar que terá ajuda do psicodramatista.

Ação

O protagonista apresenta cada pessoa da fotografia através da técnica do duplo, isto é, fica na posição da pessoa e fala como se fosse ela. Depois de mostrados os componentes da foto, escolhe as pessoas (egos auxiliares), que participarão.

A fotografia é montada e o psicodramatista solicita de cada um o sentimento e uma mensagem que ele quer dar ao protagonista. O psicodramatista pode fazer alguma intervenção em relação às mensagens.

O psicodramatista assume a posição do protagonista e pede a ele para olhar de fora e pergunta-lhe: Você está satisfeito com essa foto ou você gostaria de mudá-la?

Fazem-se então as mudanças desejadas.

O psicodramatista pode intervir, usando as técnicas básicas (incluindo concretização), se percebe alguma postura/posição que se destaca/destoa na fotografia.

Sharing

O protagonista fala sobre seus sentimentos e depois os egos auxiliares. Pergunta-se aos egos auxiliares se querem dizer alguma coisa ao protagonista e se alguém da plateia quer vir compartilhar o vivenciado.

Processamento

O psicodramatista solicita ao protagonista e ao grupo quais foram as aprendizagens surgidas com a vivência e conduz a discussão para o tema equipe, falando das características de uma equipe eficaz e correlacionando com os *insights* surgidos.

Integração e Compartilhamento

Criação: Sandra Fortes, Thamara Santiago e Walkiria Monteiro

Tema

Integração e compartilhamento de experiência de um grupo.

Fase de Grupo

Inclusão.

Objetivos

Propiciar a integração de grupos e sensibilizar para a construção de um planejamento.

Tamanho do Grupo

Até 40 participantes.

Tempo

Duas horas 30 minutos.

Arranjo Físico

Sala ampla.

Material Necessário

- Tarjetas, pincel atômico, fita crepe, música.

Vivência

Etapa: Apresentação do significado etimológico da palavra integração e reflexão sobre – De Onde vem a Palavra Integração?

Vem do Latim *INTEGRARE,* "tornar inteiro, fazer um só", de *INTEGER,* "inteiro, completo, correto".

O adjetivo *íntegro* vem daí, bem como os substantivos *integridade* e *integral.*

Integratio – Trata-se da ação e efeito de integrar ou integrar-se (constituir um todo, completar um todo com as partes que faltavam ou fazer com que alguém ou algo passe a pertencer a um todo).

Etapa: Linha do tempo

Individualmente cada participante responde as perguntas utilizando três tarjetas de cores diferentes (15 min.):

Em que mês/ano você ingressou neste grupo?

Qual o seu momento de vida pessoal e profissional na época?

Meu maior objetivo com e no grupo é...

Reunir no centro da sala e compartilhar com o grupo as informações das tarjetas. O compartilhar é de forma dinâmica, em duplas, orientado pelo facilitador. Importante manter duplas com representantes do grupo 1 e 2. Possibilitar cinco trocas. (20 min.)

Montar a linha do tempo na parede em ordem cronológica e efetuar o fechamento. O que vocês observam com essa linha? Querem acrescentar alguma informação à linha? (10 min.)

Dança Circular Escocesa – Momento da sintonia www.youtube.com/watch?v=7FNqA18-lA0

Música: *Shetland Wedding Reel*

Relato de Sentimentos

Como você se sentiu ao escrever a sua linha do tempo? E ao lê-las para o grupo?

Como você se sentiu visualizando a linha do tempo na parede? Qual a sua percepção do grupo?

Quais os sentimentos experimentados com a dança?

Processamento

Como foi o processo, como foi para cada um fazer o trabalho, da linha do tempo e da dança circular escocesa?

Generalização

Que contribuições para sua vida pessoal e profissional você recebeu?

Aplicação

O que cada um descobriu com este exercício?

Variações

Pode ser usada também para planejamento e desenvolvimento de um plano de ação do grupo. Depois de montar a linha do tempo perguntar: Qual a história que o grupo quer continuar a escrever?

A atividade linha do tempo pode também ser utilizada para trabalhar gestão de conflitos. Colocar a situação problema em evidência e discutir na linha do tempo ações tomadas para solução considerando experiências e tempo de empresa de cada funcionário. Depois de montar a linha do tempo perguntar: Pensando na solução dessa situação qual é ação que o grupo quer tomar a partir das soluções já apresentadas? O grupo quer deixar qual marca ao enfrentar esse desafio? Como os integrantes do grupo podem se apoiar para enfrentar esse desafio de forma mais leve e harmoniosa?

A atividade Dança Circular Escocesa também pode ser utilizada em desenvolvimento de lideranças no qual o objetivo é fazer com que todos alcancem a meta: Dançar no ritmo e sem erros. Escolher quais serão os líderes de cada grupo, ensinar a tarefa e orientá-los a assumir a liderança. Definir tempo para cumprir com o objetivo. Após a realização da atividade perguntar: Quais as dificuldades da liderança? Quais estratégias utilizadas? O objetivo foi alcançado? Em qual momento? Qual a sensação ao alcançar a meta?

Jogo de Damas Invertido

Criação: Adriana Galuppo, Cláudia Oliveira, Evaldo Negreiros, Raquel Caetano, Rosangela Barros e Sandra Mendes.

Tema

Pensamento estratégico, gestão da informação, mudança, criatividade, flexibilidade e trabalho em equipe.

Fase de Grupo

Controle.

Objetivos

Oportunizar para os participantes pensarem de uma maneira diferente, utilizando o pensamento estratégico.

Tamanho do Grupo

Máximo de 40 pessoas.

Tempo

Duas horas.

Arranjo Físico

Sala espaçosa com cadeiras de braço ou mesa (para apoiar o tabuleiro).

Material Necessário

- 1 folha com as regras para cada participante, três tabuleiros de jogo de damas, tarjetas, folhas de sentimentos e equipamento de multimídia.

Vivência

Os participantes serão divididos em três subgrupos – o jogo será realizado em duas rodadas.

Introdução (explicação do jogo e distribuição das regras)

Informações Gerais:

O jogo de damas é praticado em um tabuleiro de 64 casas. O jogo de damas é praticado entre dois parceiros ou duas equipes, com 12 pedras de uma cor de um lado e 12 pedras de outra cor do outro lado. O lance inicial será definido na disputa de par ou ímpar.

As regras são as mesmas do jogo oficial (tradicional), mas nesta variante o objetivo do jogo é a equipe oferecer suas peças a equipe adversária, o mais rápido possível**. Portanto, a equipe que ficar sem peças é quem ganha**.

Instruções:

A pedra **anda só para frente**, uma casa de cada vez. Quando a pedra atinge a oitava linha do tabuleiro ela é promovida à **dama**.

A dama é uma peça de movimentos mais amplos. Ela **anda para frente e para trás**, quantas casas quiser. A dama não pode saltar uma peça da mesma cor.

A captura é obrigatória. Não existe sopro.

Duas ou mais peças juntas, na mesma diagonal, não podem ser capturadas.

A pedra captura a dama e a dama captura a pedra. Pedra e dama **têm o mesmo valor** para capturarem ou serem capturadas.

A pedra e a dama podem **capturar** tanto para frente como **para trás**, uma ou mais peças.

Se no mesmo lance se apresentar mais de um modo de capturar, **é obrigatório executar o lance que capture o maior número de peças** (Lei da Maioria).

A pedra que durante o lance de captura de várias peças, apenas passe por qualquer casa de coroação, sem aí parar, **não será promovida à dama**.

Na execução do lance de captura, é permitido **passar mais de uma vez** pela mesma **casa vazia**, não é permitido capturar duas vezes a mesma peça.

Na execução do lance de captura, não é permitido capturar a mesma peça mais de uma vez e as peças capturadas **não podem** ser retiradas do tabuleiro antes de completar o lance de captura.

Recursos:

Uma folha com as regras para cada participante.

Tempo:

Dez minutos.

Duas rodadas do jogo seguindo as instruções

Recursos:

Tabuleiro de xadrez (um por grupo).

Tempo:

20 minutos (10 minutos cada rodada).

Relato de Sentimentos

Distribuir a folha com os sentimentos relacionados para que cada participante marque os sentimentos predominantes.

O facilitador e/ou monitor deverá fazer uma análise rápida das marcações feitas.

Solicitar que as pessoas falem sobre as suas escolhas.

Processamento

Metodologia ZOOP – Nos subgrupos – Análise do que ocorreu durante a dinâmica. Avaliação dos padrões de desempenho e o nível de interação.

Como aconteceu?

POR FAVOR COMENTE COM O COLEGA SOBRE O QUE OCORREU DURANTE O JOGO E AVALIE DE 1 A 5 :

( ) Desempenho do grupo A
( ) Desempenho do grupo B
( ) Nível de interação entre os participantes durante a jogada.

REGISTRE NO VERSO DESTA TARJETA PARA APRESENTAR NO GRUPÃO

Generalização

Metodologia ZOOP – Nos subgrupos – Após o processamento, os jogadores já têm condições de sair da *fantasia e da simulação* e entrar na realidade, fazer comparações e analogias com seu cotidiano.

POR FAVOR COMENTE COM O COLEGA SOBRE ESSA VIVÊNCIA – JOGO DAMA INVERTIDA – E O QUE ELA TEM EM COMUM COM SEU DIA A DIA.   REGISTRE NA TARJETA PARA APRESENTAR NO GRUPÃO

Apresentação em plenária das etapas Processamento e Generalização.

Tempo:

15 minutos (5 minutos para cada grupo).

Aplicação

Apresentar o que é um jogo de estratégia.

Pergunta – o que você leva para sua vida com essa atividade?

Jogo do Balanço

Criação: Rosangela Barros e Wiliam Neves

Tema

Capacidade de julgamento, criatividade, desempenho em equipe.

Fase do Grupo

Controle.

Objetivos

Trabalhar a integração, criatividade e organização de equipes, bem como refletir sobre o grau de objetividade e subjetividade do avaliador.

Enfocar o processo de mudança de paradigmas.

Tamanho do Grupo

Aproximadamente 20 pessoas.

Tempo

Duas horas.

Arranjo Físico

Sala ampla que possibilite a movimentação dos participantes.

Material Necessário

- Aparelho de som;
- Trilha sonora, gravada previamente, com cinco trechos de músicas bem diferentes, como: samba, valsa, bolero, rock, salsa – Observação: a trilha deve ter, no máximo, quatro minutos;
- Uma caneta por julgador;
- Uma folha de registro por equipe;
- *Flipchart* e respectivos pincéis.

Vivência

1 – dividir o grupo em equipes de, no mínimo, cinco pessoas.

2 – o facilitador informa sobre o jogo – cada equipe deve:

- definir um nome coerente com o tema (MÚSICA) para a equipe.
- indicar um avaliador.
- escolher uma DUPLA MODELO.

Solicitar que os julgadores se aproximem do *flip* para que ouçam as regras.

Informar a todos como se dará a Pontuação (usar um quadro desenhado no *flip*):

PONTUAÇÃO:

A – Para a Dupla Modelo

- 10 pontos para cada ritmo adequado ao trecho da música (máximo de 50 pontos).
- 20 pontos para cada coreografia/evolução adequada (máximo de 100 pontos).

B – Para os outros Dançarinos

- 30 pontos para a PERFEITA INADEQUAÇÃO de todos os dançarinos em cada trecho de música (máximo de 150 pontos).

Além das informações acima, acrescentar: nenhum dançarino pode ficar parado e nem fechar os olhos, pois isso implica em perda de pontos.

O avaliador escolhido por cada equipe avaliará uma equipe diferente da sua.

Ganha a equipe que fizer maior número de pontos.

JOGO DO BALANÇO

— PONTUAÇÃO —

NOME DA EQUIPE: ______________________________

		Ritmos Musicais					
Dançarinos	**Quesitos**	**1**	**2**	**3**	**4**	**5**	**Total**
Dupla	RITMO (até 10 pontos por trecho)						
Modelo	COREOGRAFIA / EVOLUÇÃO (até 20 pontos por trecho)						
OUTROS DANÇARINOS	TUDO INADEQUADO (até 30 pontos por trecho)						

TOTAL DA EQUIPE: ______________________________

Relato de Sentimentos

Escrever no *flipchart* o sentimento(s) que experimentou durante a vivência com uma ou mais palavras. O facilitador ao final sintetiza os sentimentos que surgiram.

Processamento

Dividir o grupo por equipes e um grupo com os avaliadores e as duplas modelo.

Pedir que cada grupo faça um resumo de como foi a atividade para eles e em plenária partilhar as observações.

Generalização

Ainda em plenária buscar analogias e comparações com o dia a dia dos participantes.

Aplicação

Pedir que cada participante sintetize em uma frase seu aprendizado com a vivência.

Líder *Coach* e a Inteligência Positiva

Criação: Ana Maria Simões, Cláudia Oliveira,
Juliane Almeida e Monica Esteves

Tema

Desenvolvimento: Liderança *Coach*, Autoconhecimento.

Fase do Grupo

Controle.

Objetivos

Promover ao grupo autoconhecimento, com identificação dos principais sabotadores e fortalecimento da inteligência positiva.

Tamanho do Grupo:

Até 30 pessoas.

Tempo

Uma hora e 40 min.

Arranjo Físico

- Projetor multimídia.
- Apresentação Power Point.

Material Necessário

- Cartazes explicativos sobre os 10 sabotadores.
- Fitas coloridas nas cores Azul, Rosa e Verde.
- Folhas impressas com características dos sabotadores. Fonte: Chamnine, 2013.
- Cartazes com figuras representativas de sentimentos.

Vivência

1. Separar os sabotadores, conforme seu estilo e motivação:

Estilo	Motivação		
	INDEPENDÊNCIA	ACEITAÇÃO	SEGURANÇA
Afirmar	Controlador	Hiperrealizador	Inquieto
Conquistar	Insistente	Prestativo	Hipervigilante
Evitar	Esquivo	Vitima	Hiperracional

2. Distribuir na sala cartazes com os conceitos dos nove sabotadores (conceitos retirados do livro *Inteligência Positiva* – Shirzad Chamnine).
3. Pedir aos participantes que leiam os conceitos dos sabotadores e escolham aquele com que mais se identifiquem.
4. Orientar aos participantes a formarem grupos com os colegas que tenham escolhido sabotadores do mesmo grupo de motivação.
5. Entregar cópias de cada um dos sabotadores do grupo, e solicitar que os participantes leiam e identifiquem os comportamentos (características, pensamentos e sentimentos) típicos de cada sabotador.

6. Solicitar ao grupo para preparar dramatizações de até cinco minutos cada, que deverão:
    - Abordar três comportamentos típicos dos sabotadores, em consenso dos componentes do grupo, que tenham maior impacto na Liderança *Coach*. Estes deverão ser decorrentes de: características, pensamentos e sentimentos.
7. Em seguida, os grupos deverão realizar as dramatizações, para identificação dos sabotadores pela plenária.
8. Após a apresentação indagar à plenária:
    - Esses comportamentos são típicos de quais sabotadores?
    - Como transformar os comportamentos dos sabotadores em aliados?

Relato de Sentimentos

Distribuir os cartazes com os sentimentos e pedir para os participantes escolherem os que melhor descrevem seus sentimentos durante e após a atividade.

Processamento

Solicitar que o subgrupo registre:

- Como foi realizar a vivência?
- Como foi apresentar o consenso em plenária?

Generalização

O que percebem de positivo, para o líder *coach*, quando se transforma sabotadores em aliados?

Aplicação

A partir do que foi abordado hoje, o que passará a ser incorporado no seu dia a dia?

Referências

- O Líder *Coach* – Líder Criando Líderes

Autor: Rhandy di Stéfano

- Inteligência Positiva

Autor: Shirzad Chamine

Livro Vivo

Criação: Adriana Prates, Cacilda Lorentz
e Virgínia Gherard

Tema

Encerramento.

Fase de Grupo

Abertura.

Objetivos

Possibilitar o encerramento do trabalho grupal, levando os participantes a perceberem os resultados obtidos.

Consolidar a produção individual e coletiva.

Tamanho do Grupo

Mínimo de 15 e máximo de 60 participantes.

Tempo

De duas a três horas, aproximadamente, podendo variar conforme o número de pessoas.

Arranjo Físico

Sala ampla e mesas de apoio/cadeiras móveis.

Material Necessário

- Canetas coloridas.
- Fitas de tecido coloridas.
- Cartolinas (cores variadas).
- Folha dura.
- Lápis de cor.
- Fita adesiva/durex.
- Cola.
- Grampeador.
- Tiras de papel.
- Folhas de papel em branco.
- Furador.
- Régua e tesoura.
- Brocal.
- CD ou mp3 com músicas instrumentais diversas.
- Som para CD.

Vivência

O facilitador explica inicialmente que o grupo deverá construir um livro. Para tal, deverão seguir alguns critérios:

1) O livro terá o número de coautores conforme o número total de participantes.
2) Cada participante deverá escrever um capítulo do livro, correspondente a uma página do mesmo.
3) Deverá ser escolhido um participante para escrever o prefácio e outro para a conclusão – neste caso, substituindo a elaboração de seus próprios capítulos.

4) Além da confecção do livro, o grupo deverá se organizar para apresentá-lo ao facilitador da forma mais criativa possível. A escolha da forma da apresentação do livro ficará a cargo do próprio grupo e não poderá exceder a 30 minutos. A única forma não permitida será a leitura formal do mesmo.

5) O facilitador esclarece que ao final da apresentação, o grupo lhe entregará o livro, que será encaminhado ao responsável pela empresa contratante (liderança, RH etc.), como sendo o resultado da produção deste grupo.

A seguir, todo o material é colocado à disposição do grupo e ele é alertado que a definição da condução dos trabalhos ficará sob a responsabilidade do próprio grupo.

O facilitador informa que durante o período de organização, confecção e ensaio para a apresentação do livro, estará ausente da sala.

O facilitador retorna após o tempo acordado para a realização dos trabalhos no grupo, assiste a apresentação do livro, recebe o livro e reforça que o encaminhará à empresa contratante.

Relato de Sentimentos

O facilitador pedirá ao grupo para falar dos sentimentos vividos durante e depois da construção do livro.

Meio Ambiente e RH

Criação: Adriana Galuppo, Beth Motta,
Evaldo Negreiros e Rosângela Barros

Tema

Trabalho em equipe e planejamento. Atendimento a demanda de clientes.

Fase do Grupo

Controle.

Objetivo

Sensibilizar os participantes para as questões ambientais, preparação para atendimento a demanda de clientes.

Tamanho do Grupo

De 20 a 30 pessoas.

Tempo

Duas horas.

Arranjo Físico

Sala ampla que possibilite a formação de grupos de trabalho.

Material Necessário

- Filme sobre meio ambiente (exemplo: *Quem se importa?*).

- Material sobre meio ambiente (revistas, jornais etc.).
- Folhas de papel A4.

Vivência

- Usar um filme sobre o meio ambiente (ex.: resumo de 15 min. do filme *Quem se importa?*) para sensibilização sobre o tema.

https://www.youtube.com/watch?v=Mf-MGf_E0y0

ou ainda...

https://www.youtube.com/watch?v=NZy9q8C_WKo

https://www.youtube.com/watch?v=6rC2TPFe96Y

https://www.youtube.com/watch?v=uhgO79YveHs

- Contextualizar o assunto com dados atualizados impactantes sobre os problemas vivenciados pelas empresas (água/energia, lixo, desperdício, consumismo)

https://prezi.com/ddxweffeqpjh/agua-elemento-essencial-ao-funcionamento-dos-ecossistemas-e/

- Dividir os participantes em quatro subgrupos para trabalharem os quatro temas acima (água/energia, lixo, desperdício e consumismo). Para esta divisão pode ser usado, por exemplo, um baralho com figuras estimulantes sobre os temas propostos.
- Proposta do trabalho para cada subgrupo:

Lixo

Lixo é tudo aquilo que já não tem utilidade e é jogado fora. É qualquer material sólido originado em trabalhos domésticos e industriais, e que é eliminado O lixo continua existindo depois que o jogamos na lixeira.

Vocês são consultores contratados pela Mineradora Ouro Virgem.

A Ouro Virgem diagnosticou uma necessidade urgente de redução de custos, com manutenção de qualidade, que está impactando o seu resultado financeiro.

A realidade atual é extremamente comprometedora em função da queda do câmbio, da diminuição de financiamentos, baixa do volume de vendas e elevação dos custos fixos com o aumento dos preços da energia e da água.

Diante do cenário exposto e considerando o contexto nacional, quais ações ou propostas vocês consultores teriam para ajudar essa organização, visto que a direção quer evitar medidas drásticas como demissões?

Consumismo

Consumismo é uma compulsão que leva o indivíduo a comprar de forma ilimitada e sem necessidade bens, mercadorias e/ou serviços. O consumismo define a relação de quebra entre a ação de comprar e a necessidade do que está sendo adquirido.

Vocês são consultores contratados pela Mineradora Ouro Virgem.

A Ouro Virgem diagnosticou uma necessidade urgente de redução de custos, com manutenção de qualidade, que está impactando o seu resultado financeiro.

A realidade atual é extremamente comprometedora em função da queda do câmbio, da diminuição de financiamentos, baixa do volume de vendas e elevação dos custos fixos com o aumento dos preços da energia e da água.

Diante do cenário exposto e considerando o contexto nacional, quais ações ou propostas vocês consultores teriam para ajudar essa organização, visto que a direção quer evitar medidas drásticas como demissões?

Desperdício

Desperdício diz respeito a não utilizar, ou subaproveitar, parte dos recursos disponíveis e mobilizados para uma determinada atividade.

Vocês são consultores contratados pela Mineradora Ouro Virgem.

A Ouro Virgem diagnosticou uma necessidade urgente de redução de custos, com manutenção de qualidade, que está impactando o seu resultado financeiro.

A realidade atual é extremamente comprometedora em função da queda do câmbio, da diminuição de financiamentos, baixa do volume de vendas e elevação dos custos fixos com o aumento dos preços da energia e da água.

Diante do cenário exposto e considerando o contexto nacional, quais ações ou propostas vocês consultores teriam para ajudar essa organização, visto que a direção quer evitar medidas drásticas como demissões?

Água

Água: É um líquido inodoro, insípido e incolor, sendo encontrado também em estado sólido e gasoso. Excelente solvente para outras substâncias. É essencial para a vida de organismos vivos e ao funcionamento dos ecossistemas. Imprescindível por seus valores ecológicos. Energia: originada da palavra grega *ergos* (trabalho), na Física é a capacidade de qualquer corpo produzir trabalho, ação ou movimento. A energia é tudo o que produz ou pode produzir ação, podendo por isso tomar as mais variadas formas: energias mecânica, calorífica, gravítica, elétrica, química, magnética, radiante, nuclear etc. A energia não se cria nem se destrói, apenas se transforma.

Vocês são consultores contratados pela Mineradora Ouro Virgem.

A Ouro Virgem diagnosticou uma necessidade urgente de redução de custos, com manutenção de qualidade, que está impactando o seu resultado financeiro.

A realidade atual é extremamente comprometedora em função da queda do câmbio, da diminuição de financiamentos, baixa do volume de vendas e elevação dos custos fixos com o aumento dos preços da energia e da água.

Diante do cenário exposto e considerando o contexto nacional, quais ações ou propostas vocês consultores teriam para ajudar essa organização, visto que a direção quer evitar medidas drásticas como demissões?

Relato de Sentimentos

Em círculo, resumir em uma palavra seus sentimentos durante a vivência.

Processamento

Em plenária, apresentar os resultados obtidos por cada subgrupo e como foi alcançado.

Generalização e Aplicação

Trocar os trabalhos entre os grupos e pedir que validem o que foi feito dando sugestões para melhoria.

Encerramento

Entregar para cada participante uma muda de tempero (ex.: cebolinha, manjericão etc.) para que cada um possa cuidar e assim se sentir também responsável pelo cuidado com o meio ambiente.

Finalizar com o texto:

"A humanidade precisa repensar seus valores. O equilíbrio só virá mudando o paradigma de civilização. A nossa é montada sobre a exploração ilimitada dos bens e serviços naturais, em função da acumulação e do consumo. Mas tocamos nos limites da Terra. O sistema dominante não consegue mais se reproduzir, porque a Terra é finita e não aguenta mais um projeto de acumulação infinita. O atual sistema é absolutamente insustentável. Precisamos de uma nova mente e de um novo coração. Nova mente para olhar para a terra não como um ser inerte a ser explorado e sim como um superorganismo vivo que sempre nos dá tudo que precisamos. Novo coração para sentir a Terra como mãe que nos nutre e sempre reproduz vida" (Leonardo Boff).

Momento Significativo

Criação: Cláudia Oliveira

Tema

Abertura de reuniões/eventos, integração, apresentação dos participantes.

Fase de Grupo

Inclusão.

Objetivo

Ressaltar os momentos mais significativos para cada participante, dando oportunidade de expressar o que é mais importante e que o faz participar do grupo, expressando seus sentimentos e reconhecendo o impacto na sua participação.

Tamanho do Grupo

Até 30 participantes (para grupos maiores, podem se formar subgrupos de dez pessoas)

Tempo

Em torno de 30 minutos.

Arranjo Físico

Sala ampla com cadeiras móveis em círculo e mesas de apoio.

Materiais e Recursos

- Fotografias (impressas) trazidas pelos participantes.
- Folhas de A2 para montar um mural (grande) imitando um porta retrato, onde as pessoas irão colocar as fotos.
- Material de apoio: fita crepe, fita dupla face, tesoura, perfuradores, cola e para decorar as fotos no mural – folhas de papel colorido e brilhante, flores, fitas, durex colorido.
- Música.

Vivência

Enviar um *e-mail* para todos os participantes solicitando que tragam uma foto que represente um momento significativo para ele no grupo neste ano.

O facilitador pergunta a todos os participantes se conhecem a técnica do *scrapbook*?

(falar um pouco sobre a técnica)

O que é um *Scrapbooking*?

É a arte de juntar fotos e recordações em um álbum, de maneira criativa, preservando memórias, fatos e perpetuando as histórias, através da personalização de páginas e do uso de material adequado.

Essa técnica não é utilizada apenas na criação de páginas, também pode ser aplicada em MDF, criação de mini-álbuns, calendários, marcadores de livro, porta retratos, agendas, cartões e onde mais a sua imaginação e criatividade permitir...

A prática de *scrapbooking* existe há mais de 100 anos. Contudo, o problema sempre foi que os papéis etiquetas e adesivos usados eram extremamente prejudiciais ao conteúdo, e assim arruinavam muitas fotografias estimadas. Com o tempo a cola soltava, fotos e detalhes caíam, papéis e fotos amarelavam. Hoje em dia, existe um tipo específico de material para ser utilizado no *scrapbook*, para que o trabalho não estrague, não desbote, a longo prazo. O tipo de material ideal é o *Acid Free*, livre de ácido.

O *scrapbooking* surgiu como um *hobby* quando as pessoas viram a necessidade de preservar memórias e fotografias estimadas. O crescimento desse *hobby* aconteceu com o lançamento *de produtos cada vez mais bonitos pelas indústrias.*

Scrapbooking é uma atividade gratificante e criativa para todos. E é justamente essa sensação de prazer e de satisfação que nos faz dedicar um pouco do nosso tempo para criar páginas decoradas para álbuns de *scrapbook*. É como se estivéssemos revivendo o instante em que as fotos foram tiradas. Além disso, é uma maravilhosa terapia rever e reviver as boas memórias que nos trazem todas aquelas fotos de amigos, parentes, e de eventos tão importantes em nossas vidas.

O *scrapbook* pode ser tanto artesanal quanto digital.

Enquanto a técnica clássica de scrapbook consiste no uso de cola, tesoura, papel, objetos e fotografias, o *scrapbook* digital utiliza editores de imagem e programas para a manipulação de objetos na tela.

- Dispor as fotos sobre a mesa e solicitar aos participantes que agrupem as fotos (cinco a dez fotos), formando os grupos que irão trabalhar com cada conjunto de fotos.
- Cada grupo deverá construir a sua página definindo a disposição das fotos e elaborar um texto (deverá ser escrito dentro da página).
- Selecione o material de apoio para complementar as fotografias. Experimentem cores e padrões diferentes para realçar as fotos.

- Recorte as fotos, retirando o que você não gosta ou que tem um fundo muito cheio de elementos. O impacto visual será maior.
- Emoldure as fotografias. Não precisa emoldurar todas as fotografias da mesma maneira. Podem usar larguras e bordas diferentes. Lembrem-se que podem cortar as fotos e fazer uma foto com tamanho e formas originais.
- Organize as fotografias. Escolha as melhores fotografias, com foco, e experimente arranjos diferentes para achar o melhor equilíbrio, antes de colar as fotos definitivamente.
- Acrescente embelezamentos, adesivos e formas que ajudarão a dar maior destaque ao tema escolhido.
- Texto – nenhuma página esta completa sem acrescentar o que, quem, onde, porque e quando. No mínimo deverá ter o(s) nome(s) de quem está (estão) na foto e data.

Usem e abusem da criatividade e de todo o material de apoio.

Organizar a ordem dos painéis formando um grande mural.

Relato de Sentimentos

Solicitar para os participantes expressarem seus sentimentos no momento.

Processamento

Como foi para você realizar esta tarefa?

Generalização

Enfocar o uso deste recurso para melhorar o relacionamento das pessoas, porque elas se conhecem mais e ficam sabendo o que é importante para as pessoas.

Aplicação

Como esta experiência pode ser utilizada no seu dia a dia?

Neurociência Derrubando Mitos

Criação: Beth Castilho, Sônia Mara; Teresa Cifani, Thelma Teixeira e Walkiria Monteiro.

Tema

Quebra de paradigmas.

Fase

Controle.

Objetivos

Refletir sobre conceitos e experimentos da Neurociência que derrubam alguns mitos sobre o Humor e de como nossos estados de espírito podem influenciar nossa prática profissional.

Tamanho do Grupo

Qualquer tamanho desde que sejam feitas as adequações.

Tempo

120 minutos (aproximado).

Arranjo Físico

Sala ampla, com cadeiras móveis, para circular.

Material Necessário

- Multimídia;
- PowerPoint com relato sobre Neurociência – conceito/cérebro Triuno;
- Fichas retangulares feitas de cartolina coloridas (de mais ou menos 20 centímetros de comprimento e 10 de altura);
- *Flipchart;*
- Bolas coloridas (tamanho de bola de tênis) em número suficiente para os subgrupos a serem formados.

Vivência

Contextualização.

- Convidar o grupo a realizar uma reflexão sobre alguns conceitos da Neurociência, alertando sobre a complexidade do tema.
- Estruturar uma apresentação com relato sobre neurociência – conceito/cérebro triuno baseado nas referências.
- Vivência propriamente dita.
- Convidar o grupo a recordar uma situação profissional, em que ficou mal-humorado e definir um tema que sintetize a situação. Exemplo: *Briga no aeroporto.*
- Após, distribuir as fichas coloridas para cada participante e pedir que respondam à seguinte questão: O mau humor aguça a inteligência? Sim, Não e Por que?
- Em seguida formar subgrupos utilizando as bolas coloridas. *A Bola da Vez.* Dar as seguintes instruções:

1. Vou jogar cinco bolas.

2. Quem pegar as bolas (uma por pessoa) escolherá quatro participantes para fazer parte do seu grupo.

3. Em subgrupos, cada um falará sobre o tema pensado. O grupo escolherá aquele que mais chamou a sua atenção, tendo como referencial a pergunta feita.

4. O responsável pelo tema selecionado irá compartilhar com o grupo: o contexto em que ocorreu, o que pensou, o que sentiu e como agiu. Imaginem a cena.

- Um representante de cada subgrupo apresenta resumidamente o tema. Exemplo: *Briga no aeroporto*, e todo o grupo escolhe uma única situação para dramatizar.
- O grupo cujo tema foi escolhido representará a situação por meio de uma vinheta.

Vinheta, na metodologia do Psicodrama, significa uma cena com princípio, meio e fim a ser dramatizada, porém de curta duração.

Relato de Sentimentos

Para conduzir o processamento da experiência, o facilitador poderá fazer uma leitura rápida e participativa do clima emocional gerado pelo exercício, observando os aspectos positivos e restritivos percebidos pelos participantes numa situação de mau humor. Assim, deverá:

Pedir aos participantes para se situarem em determinada posição emocional imaginando, na sala, uma régua (modelo abaixo) onde há uma escala variando de zero (menor intensidade) a 100% (maior intensidade) de uma dada emoção ou sentimento.

0% a 20%	30% a 50%	60% a 80%	90% a 100%

- Perguntar: O que sentiu ao reviver a situação?
    - Localizar na escala, usando parâmetros como: sentimentos de tensão/mal-estar x bem-estar/relaxamento; tristeza/preocupação x alegria/prazer; mau humor x bom humor...
- Perguntar: Quais foram os pensamentos e ações suscitados por reviver a situação?

    A partir das respostas, estabelecer parâmetros e ligações com as emoções expressas e estados de humor observados, anotando a valência (escala abaixo) da sua crença naquele pensamento ou ação, como no exemplo:

    - "Chego atrasada ao aeroporto, por não ter lido direito o vaucher e perco o voo. Começo a discutir com a atendente". Penso: "ela está achando que sou mentirosa" (Valência de 80%). Ação: corro atrás da atendente e começo a identificar falhas na empresa, utilizando todos os argumentos lógicos necessários (Valência 70%).

    Exemplos de parâmetros possíveis:

        - tensão/raiva x controle/apaziguamento;
        - ideias de solução/alternativas práticas x ressentimento/agressividade;
        - submissão x assertividade...

0% a 20%	30% a 50%	60% a 80%	90% a 100%

Processamento

- Na sua forma de interpretar, como o grupo atuou?
- Que interferências atuaram na sua forma de perceber a situação que o levaram a seguir o caminho que seguiu e obter o resultado que teve, ao reviver a situação, em grupo?
- Para você: quais os padrões geradores de mau humor? E para o grupo?

Generalização

Exposição dialogada fundamentada em conceitos e pesquisas realizadas por neurocientistas. Ressaltar alguns desses estudos. A constatação da Plasticidade e da Interconectividade Cerebral vieram para derrubar alguns mitos. E um deles é de que o *mau humor* só ocasiona prejuízos. Os experimentos mostram que:

✓ A tristeza e o mau humor melhoram a capacidade de julgar os outros e ainda aumentam a capacidade de memorização;

✓ Quanto mais rebaixado o estado de ânimo de uma pessoa, maior costuma ser sua capacidade de argumentar e sustentar opiniões por escrito;

✓ "Enquanto o bom humor positivo facilita a criatividade, a flexibilidade e a cooperação, o mau humor melhora a atenção e torna as pessoas mais prudentes", afirma Forgas (Joseph P. Forgas, University of New South Wales/Verified *e-mail* at unsw.edu.au);

✓ Para o pesquisador, os dados obtidos levam a crer que a tristeza torna mais apuradas as estratégias para processar a informação em situações difíceis.

Segundo a revista científica Australasian Science, a tristeza e o mau humor melhoram a capacidade de julgar fatos e ainda beneficiam a memória! Os estudos publicados mostraram que a depressão faz as pessoas enxergarem com mais clareza os defeitos – tanto os próprios quanto os alheios, confirmando as percepções de Freud. Portanto, entender a atividade mental de uma pessoa quando se mostra *mal-humorada* contribui para prever riscos e ampliar o nível de consciência, o que é importante num processo decisório.

Identificar os Gatilhos (situações que deflagram as reações de defesa), os Pensamentos Disfuncionais, os sentimentos e ações, amplia o nível de consciência da pessoa. Desta forma, ao analisar a situação poderá adotar técnicas para potencializar os mecanismos biológicos que controlam a respiração e acionar áreas do cérebro que potencializam a busca de solução. Além disso, pensar sobre os pensamentos disfuncionais e os padrões mentais (sistema de crenças e valores) que criam matrizes que se repetem diante de situações semelhantes – contribuirá para processo de aprendizagem de novas formas de atuação.

Fonte: Revista Mente e Cérebro. Artigo: Satisfação: a consciência da felicidade. Revista Scientific American – por Mauro Maldonato e Silvia Dell'Orco

Aprendizados com a vivência

O que aprendeu sobre você e sobre o grupo? Que preconceitos e mitos ressignificou?

Aplicação

Como pode aplicar os aprendizados e as reflexões compartilhados na sua prática profissional?

Referências

http://www.methodus.com.br/artigo/851/satisfacao-a-consciencia-da-felicidade.html;

Revista *O Cérebro de Bom Humor* – edição especial – Mente e Cérebro – Ed. nº 30;

Quanto Custa a Felicidade – Paulo Silva Pinto – Jornal Correio Brasiliense – 24/12/14.

Inteligência Emocional. As Três Faces da Mente. Beauport, E. et AL.(1997). Brasilia. DF. Ed. Teosófica, Sociedade Civil.

O Livro

Adaptado por Juliane Almeida e Thamara Santiago

Tema

Encerramento e compartilhamento de experiência de um grupo no fechamento de curso ou de um trabalho.

Fase do Grupo

Afeição/abertura.

Objetivos

Promover o encerramento descontraído de um curso e ou trabalho, bem como propiciar a troca de experiências entre os participantes.

Tamanho do Grupo

Até 25 participantes.

Tempo

Duas horas e 30 min.

Arranjo Físico

Sala ampla com cadeiras móveis.

Material Necessário

- Caneta, folha A4, papéis coloridos e caixa de fósforo vazia para a produção do Livro, música e *smiles.*

Vivência

Etapa: Construção do Livro

O facilitador deverá entregar para cada participante uma caixa de fósforo vazia e papéis coloridos, para que cada participante monte conforme sua criatividade o protótipo de um Livro. Para realização dessa atividade terão 15 minutos.

Etapa: Construção do Capítulo do Livro

Após a criação do Livro o facilitador deverá entregar para cada participante uma folha A4 em branco e ler a seguinte informação: **"Todos que aqui estão iniciaram este curso e ou trabalho com expectativas e desejo de aprendizado. Hoje é o nosso último encontro e durante todo o trabalho que realizamos construímos várias histórias. Neste livro que criaram estão escritos todos os capítulos até aqui vivenciados, porém falta terminá-lo. Diante disso, cada participante deverá relembrar os encontros anteriores e escrever na folha A4 em branco, de forma sucinta, sobre qual aprendizado mais marcou a sua história aqui no grupo".** Orientar que terão 15 minutos para realização dessa atividade.

Subdividir o grupo em cinco subgrupos e entregar nova folha A4 em branco. Solicitar que compartilhem no subgrupo o aprendizado que mais os marcaram e pedir que, a partir disso, escrevam o capítulo do subgrupo, considerando as trocas compartilhadas. Orientar que terão 20 minutos para realização dessa atividade.

Solicitar ao subgrupo para definirem um participante que os representará e apresentará para o grupão o capítulo escrito por todos. Orientar que terão o máximo de cinco minutos por grupo para apresentação. Iniciar a apresentação de acordo com a iniciativa de cada subgrupo.

Opcional: Se o facilitador considerar pertinente recolher os capítulos escritos pelos subgrupos, digitá-los e posteriormente enviar a todos via *e-mail*. O objetivo é registrar a celebração de encerramento do curso realizado.

Relato de Sentimentos

Colocar no meio da sala *Smiles* com expressões diferentes e pedir a cada participante para escolher o *Smile* que melhor represente o que está sentindo neste momento.

Pedir a cada participante para mostrar o *Smile* escolhido e dizer em uma palavra qual é o sentimento que o representa.

Outra opção é o facilitador fazer as seguintes perguntas:

Como você se sentiu ao escrever o seu capítulo? E ao compartilhá-lo com o subgrupo?

Quais os sentimentos experimentados ao ter que escrever um capítulo que representasse o subgrupo?

Como você se sentiu ao ouvir o capítulo final?

Processamento

Como foi relembrar de todos os encontros realizados e cada um fazer a atividade da construção do livro e dos capítulos?

Generalização

Que contribuições para sua vida pessoal e profissional você recebeu?

Aplicação

Como pretendem utilizar os aprendizados que mais os marcaram no dia a dia profissional e ou pessoal?

Solicitar a cada participante que encerre o capítulo do livro descrevendo uma ação que tomará na vida profissional ou pessoal na qual utilizará o aprendizado que mais o marcou.

Variações

Pode ser usada também para integração de uma equipe. Após escrever o capítulo nos subgrupos perguntar: Qual a história que a equipe quer continuar a escrever, considerando os resultados a serem atingidos?

O Pão Nosso (e as Contradições) de Cada Dia

Como crescer e desenvolver na diversidade

Criação: Ana Maria Simões, Carus Guimarães, Cláudia Oliveira, Marco Maia, Virgínia Gherard e Walkíria Monteiro

Tema

Posicionamento, trabalho em equipe, desenvolvimento da equipe de RH.

Fase de Grupo

Controle.

Objetivo

Proporcionar aos participantes reflexões sobre o papel do profissional de desenvolvimento humano e organizacional e as contradições que vivencia no dia a dia.

Tamanho do Grupo

Até 32 participantes.

Tempo

Em torno de uma hora e 15 minutos.

Arranjo Físico

Sala ampla com cadeiras móveis em círculo.

Materiais e Recursos

- Quebra-cabeça em forma de rosto e dividido em 32 partes;
- Um saco de pano;
- Folhas de papel ofício;
- Canetas;
- Aparelhagem de som e CDs.

Vivência

a) Acolher os participantes e falar sobre o objetivo do trabalho.

b) Fornecer as seguintes instruções:

> "Nesta sacola (um saco de pano) tem alguns cartões para formar quatro quebra-cabeças com rostos diferentes. Cada um de vocês vai pegar um cartão e procurar quem tem o cartão que complementa o seu quebra-cabeça."

c) Entregar para cada grupo O CASO para discussão orientada por um facilitador.

Grupo 1 – Defensor dos Empregados

Grupo 2 – Parceiro Estratégico

Grupo 3 – Revisor de Processos

Grupo 4 – Agente de Mudança

Caso para Análise

A sua empresa Nacional S/A está em processo de fusão com a empresa American S/A até então concorrentes. Seus colegas e você, profissionais de RH, sentem-se inseguros com o processo, tendo em vista que várias definições de estrutura e quadro de pessoal ainda não foram divulgados pela organização.

Além disso, é sabido que a cultura da American envolvida no processo de fusão, privilegia a disputa e a competição interna, e a Nacional S/A, estimula o trabalho em equipe e o desenvolvimento dos empregados, com investimentos em treinamentos na educação formal (cursos de nível médio, superior e especializações), na estruturação de planos de remuneração e de benefícios de forma ampla para todos os empregados. Solicitar que os participantes leiam, discutam e respondam à questão correspondente ao número do seu grupo.

1. Como agir neste contexto, pensando no seu papel de defensor do empregado?
2. Como desenvolver uma atitude construtiva na empresa, atuando como agente de mudança, estando também angustiado frente a um futuro incerto?
3. Como administrar os processos de RH a partir deste contexto?
4. Como você acredita que possa atuar de forma estratégica nesta situação?

Anotar as respostas em folhas avulsas.

Após 20 minutos, o relator de cada grupo responde em plenária à pergunta formulada e fica em pé com a parte do quebra-cabeça do seu grupo nas mãos.

Convidar os quatro relatores dos grupos para montarem, no centro da sala, um único quebra-cabeça.

Relato de Sentimentos

Solicitar que cada participante expresse livremente os sentimentos experimentados.

Processamento

Abrir a plenária para participação de todos e colocar as questões:

Como foi participar desta oficina?

Como crescer e desenvolver na diversidade?

Como o profissional de RH pode enfrentar as contradições de cada dia?

Generalização

Apresentar a teoria sobre os papéis a serem exercidos pelo profissional de RH (Dave Ulrich).

Como vocês percebem a relação da teoria com as respostas que vocês deram nos grupos?

Aplicação

Como colocar em prática essas reflexões no dia-a-dia?

Textos de Apoio: Os Campeões de Recursos Humanos

Modelo de Múltiplos Papéis para a Administração de Recursos Humanos

Administração de Estratégias de Recursos Humanos

"O papel do RH se concentra no ajuste de suas estratégias e práticas à estratégia empresarial como um todo. Ao desempenhar esse papel, o profissional de RH pouco a pouco se torna um parceiro estratégico, ajudando a garantir o sucesso e a aumentar a capacidade de sua empresa atingir seus objetivos. Traduzir estratégias empresariais em práticas de RH ajuda a empresa em três sentidos. Em primeiro lugar, a empresa pode se adaptar à mudança devido à redução do tempo que vai da concepção à execução da estratégia. Em segundo, pode atender melhor às exigências do consumidor, porque suas estratégias de atendimento foram traduzidas em políticas e práticas específicas. Em terceiro, pode obter desempenho financeiro mediante a execução mais eficaz de sua estratégia".

"*A metáfora para esse papel é a do parceiro estratégico.* Os profissionais da área tornam-se parceiros estratégicos quando participam do processo de definição da estratégia empresarial, quando fazem perguntas que convertem a estratégia em ação e quando concebem práticas de RH que se ajustam à estratégia empresarial".

Administração da Infraestrutura da Empresa

"Criar uma infraestrutura organizacional tem sido um papel tradicional de RH. Isso exige que os profissionais concebam e desenvolvam processos eficientes para contratar, treinar, avaliar, premiar, promover e, além do mais, gerir o fluxo de funcionários na organização. Como *zeladores da infraestrutura empresarial*, eles asseguram que esses processos organizacionais sejam concebidos e desenvolvidos com eficiência. Embora esse papel tenha sido minimizado e até repudiado com a passagem para um foco estratégico, sua realização bem sucedida continua a adicionar valor para a empresa".

"*A metáfora para o trabalho sobre a infraestrutura de uma empresa é a do especialista administrativo.* Conforme acima sugerido, os profissionais de RH que atuam como especialistas administrativos eliminam gastos desnecessários, aumentam a eficiência e constantemente descobrem novas maneiras de fazer melhor as coisas".

Administração de Contribuição dos Funcionários

"O papel de gerir a contribuição dos funcionários implica que os profissionais de RH se envolvam nos problemas, preocupações e necessidades cotidianas de seus subalternos. Em empresas nas quais o capital intelectual se torna uma fonte crucial de valor da empresa, os profissionais de RH devem ser ativos e agressivos no desenvolvimento desse capital, tornando-se assim os defensores dos funcionários por vincularem suas contribuições ao sucesso da organização. Como ativos defensores dos funcionários, que compreendam suas necessidades e garantam que elas sejam atendidas, eleva-se a contribuição global dos funcionários".

"*A metáfora para este papel de RH, conforme sugerido acima, é a de defensor dos funcionários.* Eles dedicam tempo e presença pessoal aos funcionários, e treinam e incentivam gerentes de outros departamentos a fazer o mesmo".

"As principais atividades para a administração da contribuição dos funcionários são ouvir, responder e encontrar maneiras de dotá-los dos recursos que atendam suas demandas variáveis".

Administração da Transformação e da Mudança

"Transformação acarreta mudança cultural fundamental no interior da empresa; os profissionais de RH que administram a transformação tornam-se guardiões e catalisadores culturais. Mudança refere-se à capacidade de uma organização de melhorar a concepção e a implementação de iniciativas e de reduzir o tempo de ciclo em todas as atividades organizacionais; os profissionais de RH ajudam a identificar e implementar os processos de mudança.

O resultado da administração da transformação e da mudança é a capacidade para mudar. Quando as empresas sofrem transformação, os executivos de RH atuam como parceiros empresariais para ajudarem os funcionários a se livrarem da antiga cultura e se adaptarem a uma nova. Como agentes da mudança, os executivos de RH ajudam as organizações a identificar um processo para administrar a mudança".

"As ações dos agentes da mudança incluem a identificação e estruturação de problemas, construção de relações de confiança, solução de problemas e criação – e execução – de planos de ação".

Referências

ULRICH, Dave. *Os campeões de recursos humanos:* Inovando para obter os melhores resultados. S.Paulo: Futura, 1998.

Onde nos Posicionamos

Elaborada por: Beth Castilho, Evaldo, Lourdes Ribeiro, Sônia Oliveira e Thelma Teixeira

Tema

Integração.

Fase de Grupo

Inclusão.

Objetivos

Incluir os novos colegas e fortalecer as relações interpessoais de todos os membros do grupo.

Tamanho do Grupo

Qualquer tamanho, desde que sejam feitas as adequações.

Tempo

60 minutos (aproximado).

Arranjo Físico

Sala ampla, com cadeiras móveis, para circular.

Material Necessário

- CD com músicas para meditar;
- Multimídia.

- *Flipchart.*
- Flores brancas.
- Folha de papel A4.
- Canetas hidrocor.
- Máscaras para vendar os olhos e lenços de papel.
- Música Te Ofereço Paz.
- Fita crepe.

Vivência

Contar uma estória que pode ser uma fábula, uma metáfora que ressalte uma lição de vida.

Solicitar que cada participante, ao som de uma música, escreva o seu nome em uma folha de papel A4 – dividida em três partes – para ser fixada à cadeira.

E em silêncio, pensem na força do seu nome.

Ao término da música deverão iniciar a apresentação pessoal.

Após a apresentação, estes irão, em pé, se posicionarem, formando um grande círculo, no centro da sala.

Dizer que aquele centro representa o Grupo. E que podem escolher o local em que se sentem mais confortáveis no grupo.

Vendar os olhos dos participantes (colocar a máscara com lenço de papel protegendo os olhos).

Agora vocês se posicionarão, caminhando bem devagar, ocupando os seus lugares no Grupo.

Quando o grupo estiver posicionado, pedir que todos retirem as vendas e permaneçam onde estiverem.

Relato de Sentimentos

Solicitar que cada participante expresse seus sentimentos ao escolher a sua posição com os olhos abertos e vendados. Quais foram os incômodos?

Convidá-los a assentar, mantendo a forma circular.

Processamento

Salientar a importância da mudança e principalmente, do vivenciar novas posições.

Abrir para o relato coletivo. Quais as conclusões que tirou em relação a você neste Grupo?

Generalização

Exposição dialogada sobre o funcionamento dos grupos e a força dos hábitos. Como lidar com os conflitos e estabelecer uma relação harmoniosa.

Aplicação

Como podem ocupar novos espaços?

Formar subgrupos de cinco participantes e elaborar uma proposta de ação para o Grupo, a partir desta vivência, respondendo a pergunta: como fortalecer a integração deste grupo?

Cada subgrupo faz sua apresentação e o coordenador da atividade sintetiza.

Para Calibrar o Foco

Adaptação de Carus Guimarães, Beth Castilho, Luana de Souza Teixeira, Rosana Tozelli

Criação de Sônia Veiga e Márcio Saúde

Tema

Foco em resultados alinhados com missão, visão e valores.

Planejamento estratégico, criatividade, visão sistêmica, organização.

Fase do Grupo

Controle.

Objetivo

Observar comportamentos e atitudes focados na pessoa, no outro e no ambiente em situação de trabalho em grupo caracterizado por limites e regras definidos e pressão por resultados.

Tamanho do Grupo

30 participantes divididos em dois subgrupos de 15 pessoas.

Tempo

Aproximadamente duas horas.

Arranjo Físico

Sala ampla com carteiras móveis.

Material Necessário

- Dois baldes pequenos (de pia);
- Dois pacotes de algodão bolinha;
- Duas velas;
- Duas caixas de fósforos;
- Dois copinhos plásticos de café para fixar a vela;
- Duas garrafas de refrigerante ou água mineral, transparentes e vazias;
- Três pacotes de balões;
- Dois sacos de lixo grandes;
- Dois sacos de Ki-Suco (sabores laranja e uva);
- Um rolo de fita crepe para demarcar a distância da saída à chegada aos baldes;
- Duas canetas;
- Dois conjuntos de Instruções;
- Folhas de jornal – para colocar junto aos baldes e garrafas (evitar molhação);
- Quinze cartões com fundo verde e quinze com amarelo, contendo trechos do livro *Foco*, de Goleman, Parte Um – Anatomia da Atenção – para dividir o grupo em duas equipes (modelo anexo);
- 30 cartões em duas cores diferentes, contendo trechos do livro *Foco*, de Goleman, Parte Seis – O Líder Bem Focado – para formar os grupos de processamento da atividade (modelo anexo);
- 30 cartões com carinhas emocionais;

- 30 cartões com a frase de *Lembrança Final* (modelo anexo);
- Uma caixa de bombons para premiação do vencedor.

Vivência

I: Formação dos Grupos:

Cada participante deverá escolher aleatoriamente um dos cartões temáticos apresentados (modelo anexo).

De acordo com a cor, formam-se duas equipes de trabalho (verde/amarelo),

Cada equipe ocupará um espaço da sala.

II: Motivação para a vivência

Informar ao grupo que a atividade tem como propósito experienciar alguns dos temas abordados por Goleman em seu livro *Foco* – a atenção e seu papel fundamental para o sucesso. Trata-se de uma tarefa que está organizada em três etapas: Planejamento (20 min.), Execução (20 min.) e Processamento (60 min,)

Todas as instruções necessárias ao planejamento e execução estão descritas e uma cópia será entregue a cada equipe. Além disso, toda a equipe organizadora está disponível para responder perguntas e informar sobre as dúvidas durante cada etapa.

Portanto, os passos fundamentais da atividade estão aqui descritos:

III: Planejamento: (20 min.)

A partir das instruções sobre a tarefa e suas regras (anexo), o grupo deverá se formalizar como uma equipe e planejar a etapa de execução da atividade.

Para isto, deverão:

- Ler a tarefa e as regras (anexo);
- Redigir uma Missão para o grupo e definir três valores fundamentais para que o grupo atinja o sucesso (Foco interno);
- Nomear o grupo e definir uma meta que esteja alinhada à missão, visão, e ao tema central que dá nome à atividade – Para Calibrar o Foco – (Foco no outro);
- Definir as estratégias e procedimentos para atingir a meta estabelecida, tendo em vista as regras e informações sobre o jogo (Foco externo);
- Nomear um líder para o grupo;
- Disponibilizar dois participantes de cada equipe para papéis específicos que serão comunicados no início da execução e atuarão conforme instruções descritas (anexos);
- Dois serão juízes e se responsabilizarão pela observância dos critérios de engarrafamento e entrega dos materiais necessários para a equipe contrária;
- Dois serão auditores e se responsabilizarão pela observância dos critérios de deslocamento da equipe contrária e pela anotação dos pontos;
- Por se tratar de uma tarefa grupal, é importante que todos participem.

III: Execução

Preparação para Iniciar

A coordenação deverá:

- Demarcar duas pistas, uma para cada grupo;
- Marcar com fita crepe o ponto de largada e de chegada à mesa de prova;

- Apresentar a mesa de prova e os materiais disponíveis;
- Identificar o líder de cada equipe;
- Identificar os quatro participantes que atuarão como juízes e auditores;
- Informá-los que atuarão na equipe contrária:
- Entregar ao líder de equipe: um pacote de balão, uma vela, uma caixa de fósforos;
- Colocar cada grupo na sua pista;
- Dar início à atividade;

Desenvolvimento

- A tarefa será executada conforme instruções e regras descritas nos anexos.
- O papel dos coordenadores da atividade é criar uma ambiência motivadora e auxiliar na sistematização do aprendizado que tem o tema FOCO como parâmetro.
- Terminada a execução, o grupo deverá sentar-se em círculo para computar os pontos, definir o vencedor e entregar o prêmio.

IV: Processamento da Vivência e fechamento do CAV

Relato de Sentimentos

Colocar sobre uma mesa central cartões com diferentes carinhas emocionais (modelo), em número suficiente.

Pedir aos participantes que escolham um dos cartões que represente a principal emoção observada em si mesmo e nos colegas de grupo, durante a execução da tarefa.

Solicitar que mostrem as escolhas aos demais e identificar as emoções mais frequentes.

Manter os cartões consigo.

Repetir este processo ao anunciar o resultado final da pontuação de cada grupo. Solicitar que cada pessoa veja se houve mudança de sentimento, podendo trocar ou acrescentar outra carinha.

Novamente, identificar o clima emocional do grupo.

Pode usar uma folha com carinhas emocionais.

Processamento

Distribuir os cartões coloridos com o conteúdo sobre o Líder Bem Focado de Goleman para formar os pequenos grupos e propiciar a comparação da vivência com o foco teórico.

Em subgrupos, fazer uma análise do resultado geral quanto aos aspectos a manter e aqueles que merecem investimento. Olhar separadamente para a estruturação do grupo, o planejamento e a execução e correlacioná-los ao resultado. Usar o SEMÁFORO DA QUALIDADE para resumir a avaliação. Entregar o modelo de processamento (anexo) para auxiliar o grupo na sua análise. (vermelho: até 20 pontos, amarelo: entre 21 e 30 pontos, e verde entre 31 a 50 pontos).

Generalização

Correlacionar a vivência com o Tema: *Foco* – A atenção e seu papel fundamental para o sucesso – livro de Daniel Goleman, e com a experiência profissional dos participantes.

Aplicação

1. Que atitudes fundamentais vocês precisam maximizar ou desenvolver para se transformar ou permanecer como uma equipe de trabalho com foco?
2. Fazer uma síntese e finalizar com um vídeo de internet sobre a importância de manter o foco. Sugestão: https://www.youtube.com/watch?v=6SRTQbBjrFs
3. Entregar uma frase final a cada participante, agradecendo a colaboração (anexa).

Para Calibrar o Foco

Instruções Para a Tarefa

Vocês fazem parte de uma ONG que trabalha a favor do desenvolvimento equilibrado do planeta. Muitos são os temas abordados com o objetivo de mobilizar a população para a busca de mudanças no comportamento e atitudes quanto ao uso dos recursos naturais.

Com a redução da água nas nossas torneiras, estamos implementando diferentes ações para sensibilizar as novas gerações para a urgência de comportamentos alternativos para a sobrevida no planeta.

Atividades diferentes têm sido criadas com tal objetivo e aqui está uma delas.

A tarefa de vocês é colocar a mão na água e transferi-la com eficácia para o recipiente disponível, atendendo a critérios de bom senso e responsabilidade.

Para isto, você deverá aplicar os seus conhecimentos e intuição sobre a ATENÇÃO, durante toda a atividade, além de usar as informações disponíveis e se organizar para a execução das tarefas requeridas.

A atividade tem como propósito experienciar alguns dos temas abordados por Goleman em seu livro: *Foco* – a atenção e seu papel fundamental para o sucesso.

Trata-se de uma vivência que está organizada em três etapas: Planejamento, Execução e Processamento da Aprendizagem.

Durante o planejamento, vocês deverão se constituir como uma equipe com nome, missão e três valores fundamentais para se obter sucesso. Conhecida a tarefa, vocês deverão definir uma meta alinhada à missão e ao tema central que dá nome à atividade - PARA CALIBRAR O FOCO. Feito isto, deverão combinar as estratégias e procedimentos para atingir a meta estabelecida, tendo em vista as regras e informações da atividade.

Para iniciar a execução, cada equipe deverá ter um líder nomeado e deverá disponibilizar dois participantes para papéis de controle, que serão orientados pela coordenação.

Realizada a tarefa e de posse dos dados de cada equipe, montaremos o resultado quantitativo e faremos o processamento da aprendizagem, fechando o Ciclo de Aprendizagem Vivencial - CAV, modelo norteador da atividade.

O que desejamos é que, ao final, vocês tenham não só ampliado a visão sobre métodos e processos de trabalho, mas principalmente aprendido sobre você mesmo, sobre cada um dos colegas e sobre o contexto criado neste momento.

Sucesso e aprendizado significativo a todos!

Para Calibrar o Foco

Regras da Atividade

1. A tarefa se dará em três etapas: planejamento (20 minutos); execução (25 minutos); processamento da aprendizagem (45 minutos).
2. A estrutura do grupo prevê um líder nomeado que atuará e responderá por sua equipe.
3. Cabe à equipe disponibilizar, à coordenação, dois participantes que assumirão papéis de controle, orientados por ela.

4. Na execução, serão realizadas duas rodadas distintas, com o máximo de dez minutos cada, com um intervalo de cinco minutos entre elas.
5. A coordenação informará o início e fim de cada rodada.
6. O resultado será avaliado pelo número de pontos obtidos com o volume do produto na garrafa, com o deslocamento, e com o volume de balões ensacados.
7. O volume de água será avaliado conforme o nível demonstrado na régua métrica da garrafa, sendo dez pontos por centímetro.
8. O volume de balões será comparativo, ganhando dez pontos o maior.
9. A criatividade no deslocamento (ida e volta) será avaliada conforme os critérios: dez pontos por cada deslocamento original; cinco pontos por cópia interna à equipe; dois pontos por cópia externa.
10. O quesito originalidade considera ator e performance.
11. A regra básica para o deslocamento: <u>é proibido colocar o pé no chão</u>.
12. A tarefa consiste em:
    - Um representante por vez deve assoprar um balão e com ele atravessar rapidamente a pista, levando uma vela acesa e sem colocar o pé no chão.
    - Ao chegar à área do engarrafamento, deve pegar três bolinhas de algodão com o juiz, encharcá-las com a água do balde da equipe e espremer na garrafa.
    - Concluído isso, voltar da mesma forma, trazendo de volta o balão que deverá ser guardado cheio no saco da equipe e a vela acesa repassada ao próximo participante.
    - Na sequência, repete-se a operação até o limite do tempo.

13. A vela deverá ser mantida acessa do princípio do deslocamento até ser entregue a outro participante.
14. Caso a vela se apague, o grupo perde cinco pontos por ocorrência.
15. Caso o balão esvazie, a equipe retorna ao ponto de saída e recomeça a operação.
16. Para dar início à fase de Execução, as equipes deverão estar posicionadas nos espaços indicados e aguardar a ordem de largada.

Para Calibrar o Foco

Instruções Para o Juiz

Como participou do planejamento da atividade em seu grupo, você teve acesso às informações e regras da tarefa. Isso é essencial para você desempenhar bem o seu papel de juiz da tarefa.

O que a coordenação espera de você é uma atuação precisa e justa que facilite a pontuação correta das ações que definirão o resultado quantitativo e qualitativo da equipe.

Compete a você:

- Entregar a cada participante da prova três bolinhas de algodão.
- Responder e informar conforme solicitado.
- Observar o desempenho do participante e anotar pontos estratégicos (positivos ou negativos) que interferem diretamente no resultado.
- Anotar e pontuar todo e qualquer desvio ou quebra de critério descrito nas Regras.
- Anotar e pontuar todo e qualquer ganho em atendimento aos critérios descritos nas Regras.
- No final, avaliar o volume de água na garrafa e atribuir os pontos conforme os critérios especificados nas Regras da Atividade.

Para Calibrar o Foco

Instruções Para o Auditor

Como participou do planejamento da atividade em seu grupo, você teve acesso às informações e regras da tarefa. Isso é essencial para você desempenhar bem o seu papel de auditor de deslocamento.

O que a coordenação espera de você é uma atuação precisa e justa que facilite a pontuação correta das ações que definirão o resultado quantitativo e qualitativo da equipe.

Compete a você:

- Observar cada modo de deslocamento e verificar se atende aos requisitos especificados nas Regras da Atividade e pontuá-los de acordo.
- Considerar os critérios de pontuação tendo em vista os quesitos: pés no chão, originalidade no deslocamento, uso da vela e balão.
- Responder e informar conforme solicitado.
- Observar o desempenho do(s) participante(s) e anotar pontos estratégicos (positivos ou negativos) que interferem diretamente no resultado.
- Anotar e pontuar todo e qualquer desvio ou quebra de critério descrito nas Regras.
- Anotar e pontuar todo e qualquer ganho em atendimento aos critérios descritos nas Regras.
- Ao final, somar os pontos ganhos e perdidos e apresentar a pontuação total do grupo em deslocamento.

Obs.: Você está recebendo, anexada, uma cópia das REGRAS DA ATIVIDADE.

Para Calibrar o Foco

Registro de Dados – Auditor

PARTICIPANTE	DESLOCAMENTO			BALÃO		VELA		OBSERVAÇÕES
	ORIGINAL* 10 pt	CÓPIA INTERNA 5 pt	CÓPIA EXTERNA 2pt	CHEIO	VAZIO retorna	ACESA	APAGADA perde 5 pt	

ORIGINAL* **considera ator e performance**

Para Calibrar o Foco

Registro de Dados – Juiz

PARTICIPANTE	ENGARRAFAMENTO			MANUTENÇÃO				OBSERVAÇÕES
				BALÃO		VELA		
	ESTADO EMOCIONAL	USO DOS RECURSOS	USO DOS INSTRUMENTOS	CHEIO	VAZIO retorna	ACESA	APAGADA perde 5 pt	

Para Calibrar o Foco

Processamento da Atividade

Objetivo: Analisar qualitativamente os resultados obtidos tendo como referência os processos de trabalho, as dinâmicas pessoais e grupais, e as adequações e inadequações do FOCO utilizado em cada uma das etapas da atividade.

1º) Numa escala de zero a cem, qual o grau de satisfação de cada participante com a própria atuação? E com a atuação do grupo? E com o resultado quantitativo do seu grupo?

2º) Listar as principais ações e atitudes que concorreram positiva e/ou negativamente para os resultados em cada fase da atividade e correlacioná-las ao tema FOCO.

Etapas	Ações e Atitudes	Características de Foco	Análise do Resultado
Estruturação do Grupo			
Planejamento			
Execução 1			
Replanejamento			
Execução 2			

Cartões para Formar Subgrupos

Modelo de cartões com trechos do livro *Foco*, de Goleman, usados para formar subgrupos e, ao final, fazer a correlação da experiência com este conteúdo teórico.

Parte Um – Anatomia da Atenção

ANATOMIA DA ATENÇÃO NOÇÕES BÁSICAS **ATENÇÃO SUPERIOR X ATENÇÃO INFERIOR** atenção reflexiva impulsos hábitos rotineiros atenção voluntária força de vontade escolha intencional	**ANATOMIA DA ATENÇÃO** ATENÇÃO SUPERIOR X ATENÇÃO INFERIOR O ERRO DESCENDENTE O circuito ascendente aprende vorazmente — e em silêncio —, absorvendo lições continuamente ao longo do dia. Esse aprendizado implícito nunca precisa se tornar consciente, embora funcione como um leme na vida, para o bem e para o mal. DECISÕES REFLEXIVAS x IMPULSIVAS
ANATOMIA DA ATENÇÃO O VALOR DE UMA MENTE À DERIVA Para onde a mente deriva? preocupações pessoais e questões não resolvidas Vantagens x prejuízos Compromete foco imediato Ajuda a resolver problemas importantes.	**ANATOMIA DA ATENÇÃO** NOÇÕES BÁSICAS Atenção – uma definição Para William James: "é a repentina tomada de posse pela mente, de forma clara e vívida, de um dos vários objetos ou linhas de pensamento que parecem simultaneamente possíveis".

Referência: Goleman, Daniel. Foco – Atenção e seu papel fundamental para o sucesso. Editora Objetiva, 2014.

ANATOMIA DA ATENÇÃO ENCONTRANDO O EQUILÍBRIO NO PRUMO Manter a atenção no prumo reflete um modo mental em que simplesmente percebemos o que quer que entre em nossa consciência sem nos prendermos ou sermos arrebatados por qualquer coisa em particular. Tudo flui através de nós	ATENÇÃO HABILIDADE SUTIL Empobrecimento da Atenção "A riqueza de informação cria a pobreza de atenção"

Parte Seis – O Líder Bem Focado

O LÍDER BEM FOCADO COMO LÍDERES CONDUZEM A ATENÇÃO DE ONDE VEM A ESTRATÉGIA? O autodomínio e as habilidades sociais (foco interno e no outro) combinados produzem a inteligência emocional que move o motor humano para o objetivo. Feita a escolha estratégica potencial, o líder precisa testá-la em relação a tudo o que sabe. Definida, ela precisa ser comunicada com paixão e habilidade, usando empatia cognitiva e emocional. Tudo isto carece da sabedoria estratégica.	O LÍDER BEM FOCADO COMO LÍDERES CONDUZEM A ATENÇÃO PENSE DIFERENTE Uma organização que mantém o foco voltado para dentro pode ter um desempenho admirável. Mas se ela não estiver sintonizada com o mundo maior em que opera, esse desempenho pode terminar ocorrendo a serviço de uma estratégia fracassada.
O LÍDER BEM FOCADO O FOCO TRIPLO DO LÍDER ADMINISTRANDO NOSSO IMPACTO "Para prever como as pessoas irão reagir, você precisa ler as reações que as pessoas têm a você". "Isso demanda autoconsciência e empatia num ciclo de autorreforço".	O LÍDER BEM FOCADO O FOCO TRIPLO DO LÍDER Amplitude de Foco Existe um forte argumento em favor de que os líderes precisam de toda a amplitude dos focos interno, no outro e externo para se sobressaírem — e que uma fraqueza em qualquer um deles pode desequilibrá-los.

O LÍDER BEM FOCADO

DO QUE DEPENDEM OS BONS LÍDERES?

Equilíbrio e Foco

O líder bem focado equilibra os fluxos de dados oferecidos por cada tipo de foco (interno, no outro, externo) entrelaçando-os com naturalidade. Reunindo dados sobre atenção com os de inteligência emocional e desempenho, este foco triplo surge como um motivador oculto da excelência.

O LÍDER BEM FOCADO

DO QUE DEPENDEM OS BONS LÍDERES?

ENCONTRANDO O EQUILÍBRIO CERTO

Para orientar e aconselhar:

- **Ouvir atentamente e articular uma visão autêntica que energize e esclareça suas expectativas.**
- **Fazer *coaching* com base no que a pessoa quer da vida, da carreira e do emprego atual.**
- **Prestar atenção aos sentimentos e necessidades das pessoas, e demonstrar preocupação.**
- **Dar ouvidos a conselhos e experiências; ser colaborativo e tomar decisões por consenso.**
- **Celebrar vitórias, rir, sabendo que se divertir não é perda de tempo, mas uma maneira de construir capital emocional.**

Cartão – Lembrança Final

Um líder fora de sintonia com seu mundo interno será um desorientado;
Um líder cego para o mundo dos outros será um desinformado;
Os líderes indiferentes aos sistemas maiores dentro dos quais operam serão pegos de surpresa.

Livro Foco — Daniel Goleman

Um líder fora de sintonia com seu mundo interno será um desorientado;
Um líder cego para o mundo dos outros será um desinformado;
Os líderes indiferentes aos sistemas maiores dentro dos quais operam serão pegos de surpresa.

Livro Foco — Daniel Goleman

Para Experienciar o Poder

Adaptação feita por: Beth Castilho, Sandra Mendes, Sônia Oliveira, Teresa Cifani e Thelma Teixeira

Tema

Controle e poder.

Fase de Grupo

Controle.

Objetivos

Experienciar o poder como forma de influência, fator de autoconhecimento e de aproximação relacional.

Tamanho do Grupo

Qualquer tamanho, desde que sejam feitas as adequações.

Tempo

60 minutos (aproximado).

Arranjo Físico

Sala ampla e com cadeiras móveis.

Material Necessário

- CD com músicas para meditar;

- Multimídia;
- *Flipchart.*

Vivência

Primeira Etapa

Contextualizar o tema falando sobre a importância de se ter um Propósito. "Quando se tem um propósito a vida faz sentido. O individuo se torna líder de si mesmo, quando se tem um propósito. O nosso convite é para o encontro com o outro e consigo mesmo para o exercício de novos olhares e identificar propósitos".

Solicitar que formem duplas e que seja nomeado, um como **A** e o outro como **B.** Escolham quem será A e quem será B...

O participante A, com os braços estendidos, colocará a palma da mão virada para cima (posição de receber).

O participante B estenderá os seus braços e colocará as palmas das suas mãos sobre as mãos de A. (posição de doar)

O participante A deverá comandar diferentes movimentos com suas mãos e B deverá somente acompanhar estes movimentos, deixando-se guiar por A... (duração de um minuto)

Cada dupla deve inverter a posição das mãos: B coloca as palmas para cima e A para baixo. Agora, o participante B comandará os movimentos de A... (duração de um minuto)

Nesse momento, A e B coloquem a mão direita com a palma para cima (receber); sobre a mão do colega coloque a sua mão esquerda com a palma para baixo (doar). Agora, com a mão direita cada um dirige os movimentos e com a esquerda segue os movimentos. Tudo a um só tempo... (duração de um minuto)

Relato de Sentimentos

Solicitar que cada participante expresse seus sentimentos ao dirigir e ao ser dirigido. Quais foram os incômodos?

Processamento

Qual foi a posição em que se sentiu mais confortável?

Como realizaram a tarefa?

Qual a associação dessa técnica com as relações interpessoais?

Mas qual é o meu propósito? O que eu quero? Qual a minha posição?

Segunda Etapa

O facilitador solicita que os participantes fiquem de pé e os convida para a segunda vivência, dizendo: "Agora, quero convidá-los para formar uma grande fila indiana com todos os presentes se colocando nela". Define um ponto numa das paredes para ser o início e marca até onde ela deve ir, indicando aí o ponto final.

Cada um vai se posicionar na fila conforme o seu grau de influência no grupo.

Com a fila formada e com todos nos seus respectivos lugares, dizer:

- Alguém gostaria de fazer alguma modificação?
- Observem-se nesse lugar, como se sentem?
- Gostaria de ocupar outro espaço? Onde?

Pede para desfazer a fila e convida o grupo para conversar e sistematizar o aprendizado.

Relato de Sentimentos

Como vocês se sentiram escolhendo o seu lugar?

Você se sentiu confortável na posição escolhida?

Processamento

"O segredo para viver em paz com todos consiste na arte de compreender cada um segundo a sua individualidade" (Frederico Luis Jahn). O nosso futuro é fruto do conjunto das nossas escolhas. Precisamos contar uma nova estória, construída paulatinamente com escolhas conscientes e senso analítico. Cabe a nós desenhar o futuro que queremos. O presente é a oportunidade para executarmos projetos que criem uma nova realidade.

Responda: Como o grupo atuou? Quais os incômodos? Como associar com a prática do cotidiano?

Para encerrar: *"A vontade de treinar deve ser maior do que a vontade de vencer, porque o resultado só aparece para quem está preparado".* Bernardinho, técnico da seleção brasileira de vôlei.

Generalização

Exposição dialogada: Sobre o funcionamento dos Sistemas. Viver é relacionar. Assim como o movimento do mar, existem momentos em que nós tomamos a rédea nas relações, mas existem momentos em que devemos recuar e nos deixar levar pelo outro.

Porque o mar fica abaixo dos rios? Se ele ficasse acima do nível dos rios, ele inundaria o mundo. Assim também acontece nas relações – devemos buscar a confluência principalmente das ideias. Tem momento em que guio e em outros sou guiado, visando um objetivo comum.

Influenciar pessoas, a rigor, é uma negociação e nem sempre negociação produz vencedores, o que quer dizer que nem sempre conseguimos os resultados esperados. A habilidade de conseguir cooperação é de fato a capacidade que nos faz alcançar os resultados desejados.

Se você quer ter poder, aprenda primeiro a ter poder sobre você mesmo. Aprenda a lidar com as suas emoções. Saiba controlar-se. Tenha autodomínio.

Para alcançarmos o autocontrole é preciso ter auto-conhecimento e paz interior.

Bronca e desqualificação do outro são ferramentas de despreparo. Para passarmos para a próxima etapa, citaremos Carlos Castañeda, em seu livro *A Estranha Realidade*: "Cuide quando for usar a sua espada. Se você colocar a mão na espada com muita raiva o ferido pode ser você".

Aplicação

Questione-se: O que eu quero fazer a mais pelo meu relacionamento neste Grupo? Para a minha atividade profissional?

O que eu quero das minhas relações com o grupo?

Como fazer para me destacar, para ser mais produtivo, para ter mais reconhecimento?

Para Onde Você Vai Quando não Tem para Onde Ir

Criação: Adriana Prates, Cláudia Oliveira,
Renata Pelucci e Walkíria Monteiro

Tema

Autoconhecimento e mudança.

Fase de Grupo

Controle.

Objetivo

Sensibilizar os participantes para a importância de integrar as áreas da vida no sentido do Ser e planejar mudanças.

Tamanho Do Grupo

Até 30 participantes.

Tempo

Uma hora e 15 minutos (aproximadamente).

Material Necessário

- DVD Cirque du Soleil (Alegria), CD com música de suave, leve perfume,

- Cartões com valores, Mandalas impressas em preto e branco, Lápis de cor, *Datashow*/SOM

Vivência

Arranjo da sala: cadeiras em semicírculo como se fosse uma arena.

Criar ambiente silencioso (com um perfume suave)

Convidar os participantes para entrarem na sala e escolherem o seu lugar.

Inicio – dizer: o nosso convite é para a reflexão.

Reflexão sobre a força do Ser. É no encontro com o nosso SER que nos fortalecemos.

Vocês assistirão uma cena do Cirque du Soleil .

Solicitamos que se deixem embalar pela sensação de bem-estar e de força que surgirá à medida que a arte e as cenas começarem a permear as suas mentes.

Após nove minutos – dizer: agora em silêncio fechem os olhos e façam um passeio mental pelas áreas da sua vida, seguindo as nossas orientações e respondendo, nos seus pensamentos, as nossas perguntas:

Relacionamentos. Como estou cuidando dos meus amigos, das minhas relações?

Saúde: Como estou cuidando da minha alimentação, da minha mente, do meu físico?

Sexualidade: As minhas relações sexuais estão me satisfazendo?

Religiosidade: Como estou lidando com a fé, com o meu Deus interior?

Família: Estou dedicando um tempo para os meus filhos? Para a minha esposa ou esposo? Para os meus pais?...

Trabalho: Estou criando as condições ou estou repetindo?

Finanças: Estou utilizando adequadamente o meu dinheiro?

Após dez minutos, aproximadamente, solicitar que abram os olhos lentamente...

Ao abrirem os olhos: os cartões com valores estarão no chão formando o caminho no cenário criado na sala (durante a meditação os integrantes do grupo montam silenciosamente o cenário).

Cada um irá caminhar em direção a área que mais lhe chamou atenção e pegar as palavras mais significativas.

Formar subgrupos das áreas e solicitar que discutam o tema utilizando as palavras escolhidas, por trinta minutos.

Ao final, pedir para que cada um responda:

O que devo potencializar para integrar essa área à minha vida?

O pensamento: devo ser mais racional e menos passional?

- **√ As emoções: devo ser mais sensível e afetiva?**
- **√ A sensação: devo ser mais prática e complicar menos as coisas?**
- **√ A intuição: utilizando melhor as minhas experiências?**

Após os 30 minutos, cada um fará uma mandala (escolher uma das mandalas que estará à disposição nos caminhos) como símbolo da integração

Colocar lápis de cor (somente nas cores azul – se for para usar mais a razão/pensamento; vermelha – se for para usar mais as emoções; verde – se for para usar mais a intuição e amarela para usar mais as sensações). Duração: 15 minutos.

Dez minutos para encerrar utilizando novamente o Cirque du Soleil, dizendo que todos os dias eles se superam utilizando 10 por cento de inspiração e 90 por cento de transpiração. Disciplina, força de vontade, coragem para romper os desafio e principalmente, força de vontade para efetuar as mudanças necessárias...

Cada participante expressa o que sentiu empregando somente uma palavra.

Com a mensagem abaixo ou qualquer outro pensamento que fale das escolhas, encerrar o encontro distribuindo uma lanterna para que possam iluminar os seus caminhos.

"A Vida é a Arte das Escolhas,
dos Sonhos, dos Desafios e da Ação."

J.A.Wanderley

ABRH – Congresso 2007

Para Quem você Tira o Chapéu

Criação: Sandra Mendes

Tema

Integração.

Fase de Grupo

Inclusão.

Objetivo

Estimular a autoestima, autoconfiança, liderança, comunicação.

Tamanho Do Grupo

Até 30 pessoas. Grupos muito grandes podem ser divididos em dois.

Tempo

Livre.

Material Necessário

- Um chapéu e/ou papel cartão (para confecção de chapéus).

Vivência

O grupo se organiza em forma de círculo com todas as pessoas de pé.

Deve ser escolhida uma pessoa do grupo para que escolha um chapéu e pergunta se ela tira o chapéu para aquela pessoa e o porquê, sem dizer o nome da pessoa.

Um próximo participante dá continuidade à atividade e deverá escolher um chapéu.

1ª Opção: A pergunta deve estar colada no fundo do chapéu.

2ª Opção: Chapéu feito de papel cartão, a pergunta deve estar colada atrás do chapéu.

“Você tira o chapéu para **VOCÊ** e o porquê?” Sem dizer o **SEU** nome.

Relato de Sentimentos

Pergunte aos participantes como eles se sentem no momento ou utilize os cartazes abaixo.

Processamento

Oportunidade de analisar o ocorrido durante a vivência em relação a atuação e resultado.

Generalização

De acordo com o ocorrido na vivência, que relação você faz com:

A liderança? A comunicação?

Situações de conflito na comunicação?

O que pode gerar de positivo? O que fazer?

Qual competência resolve o impasse?

Aplicação

O que você leva de mensagem para sua vida?

Observação:

Este jogo é bastante simples e muito conhecido das pessoas. Entretanto o seu uso sempre desperta o interesse dos participantes, pois além de criar um clima de descontração ele também ajuda a manter as pessoas atentas.

Se for utilizar os chapéus em papel cartão, fazer de modelos diferentes.

Anexo 2 – Palavras para serem colocadas no cartaz de sentimentos

AMOR	MEDO	PRAZER	ALEGRIA
CONFIANÇA	PÂNICO	EUFORIA	SATISFAÇÃO
DEDICAÇÃO	APREENSÃO	SURPRESA	ESPANTO
AFINIDADE	SUSTO	MARAVILHA	PASMO
VERGONHA	CULPA	HUMILHAÇÃO	ARREPENDIMENTO

Projetar a Esfinge

Criação: Ana Maria Simões, Adriana Galuppo, Beth Castilho, Beth Motta, Cláudia Oliveira e Evaldo Negreiros

Tema

Integração.

Fase de Grupo

Inclusão.

Objetivo

Facilitar a integração dos participantes do **X Congresso Mineiro de Recursos Humanos** e estimular a participação nas atividades.

Tamanho Do Grupo

Cerca de 400 pessoas.

Tempo

50 minutos.

Arranjo Físico

Auditório com 403 cadeiras, distribuídas em 17 fileiras, uma à direita e outra à esquerda do corredor central, com mais ou menos 12 lugares em cada ala.

Material Necessário

- CD mixado com a estampa da esfinge dividida em 32 partes, como um quebra cabeça;
- Cartões com frases de uma música codificadas;
- CD com a música.

Vivência

I : Resolvendo o quebra-cabeça

Convidar o grupo para um trabalho em equipe e um encontro com a esfinge: "Descubram-me ou te arrastarei".

Fazer uma síntese do enigma da Esfinge:

O enigma da Esfinge, no mito de Édipo, é a história do drama existencial humano. A esfinge, um monstro feminino com rosto e busto de mulher, corpo de leão, cauda de dragão e asas, é enviada a Tebas por Hera, deusa grega, para punir a cidade por um crime de Laio (filho do rei de Tebas e futuro pai de Édipo). Sobre um rochedo, guarda as portas de Tebas e devora a todos que não decifram o enigma que propõe, daí o então conhecido: DECIFRA-ME OU DEVORO-TE. Ela é vencida por Édipo, que entra em Tebas e se casa com Jocasta, sem saber que é sua mãe e que o homem que matou a caminho era o rei Laio, seu pai. Com isso a profecia anunciada pelo oráculo de Delfos continua a se confirmar.

Numa visão junguiana, a esfinge representa o nosso trabalho de integração dos quatro elementos: a razão, o sentimento, a intuição e a sensação.

Então, para iniciar o nosso trabalho, preparamos uma vivência que requer a integração destes quatro elementos, não só no individual mas, principalmente, no coletivo.

Por isso os convidamos para PROJETAR A ESFINGE.

Dar as INSTRUÇÕES:

Vocês receberam partes de um texto que se acha codificado.

A tarefa de vocês é ir desvendando os segredos, juntando as partes e montando o texto, como um quebra-cabeça. Ao final precisarão dizer do que se trata. Qual é o tipo do texto.

A maneira de trabalhar fica com vocês, basta que decifrem, decodifiquem e me entreguem as partes completas e coerentes. Garra, imaginação e muito trabalho para todos!

Descubram as dicas e DECIFREM-ME OU ARRASTO-OS!

Dizer sempre que o trabalho completo depende de todos.

Marcar o tempo e ir divulgando as frases completas através do multimídia ou outro recurso, até que alguém descubra que se trata de uma música.

II : Ouvindo a esfinge

Quando descobrirem a música, tocá-la e cantar.

III : Agradecendo e Aplaudindo

Pontuar o significado, baseando-se no texto de Jean Yves Leloup – *O corpo e seus símbolos.*

Relato de Sentimento

Expressar em palmas o significado da participação.

Processamento

Síntese do processo experimentado e correlação com o tema da Esfinge.

Generalização

Estabelecer um paralelo entre a vivência e os desafios do Trabalho em Equipe.

Aplicação

Reflexão: Do modo como trabalhamos o quanto temos permitido o encontro com a esfinge?

ABRH – Congresso 2005

Razão e Sensibilidade

Criação: Adriana Galuppo, Beth Castilho, Beth Motta, Magda Costa e Marco Maia

Tema

Contextualizar Aprendizagem à luz da Neurociência.

Fase de Grupo

Controle.

Objetivos

Refletir sobre processos de intervenções mais assertivos na área da Aprendizagem a partir dos conhecimentos da neurociência.

Tamanho Do Grupo

Qualquer tamanho.

Tempo

Duas horas.

Arranjo Físico

Sala ampla e confortável.

Materiais Necessários

- Latinha de refrigerante
- Papel
- Textos anexo I e anexo II
- Um exercício de estimulação neurológica de raciocínio e o gabarito do mesmo.

Vivência

1) Dividir o grupo em três subgrupos e entregar a cada subgrupo uma latinha de refrigerante.

2) Solicitar aos participantes que registrem em papel três maneiras diferentes para calcular a altura da latinha de refrigerante.

Tempo: 15 minutos.

3) Solicitar que leiam em voz alta, diversificando os leitores, o texto Anexo I – A pressão do ensino: Para que serve um barômetro?

4) Aplicar o exercício "Ginástica Cerebral – Duas Palavras – Anexo II

Solicite ao grupo que crie um *jingle* que contemple o motivo de usarmos o exercício quando trabalhamos com neurociência.

Tempo: 15 minutos.

5) Solicite aos participantes que simulem o corte da cabeça, coloquem debaixo do braço e retirem um fio de cabelo dessa cabeça e leve-o até a boca. Em seguida projete o trecho do episódio *Os Normais* – *https://www.youtube.com/watch?v=xwfSqwNJvGQ*

Solicite ao grupo que crie um desenho que contemple o motivo de usarmos o exercício quando trabalhamos com neurociência.

Tempo: 10 minutos.

6) Faça o exercício *Estimulação do Raciocínio.*

Essa atividade objetiva estimular a região neural do raciocínio, depois de realizada, os participantes deverão receber o gabarito com as respostas corretas.

Solicite ao grupo que crie um acróstico contemplando o motivo de usarmos o exercício quando trabalhamos com neurociência. **Tempo: 10 minutos.**

7) Estimular os participantes a experimentarem de olhos fechados, sabores, cheiros, sons e texturas diferentes. Sentir com olhos vendados: quente e frio; áspero e liso; amendoim e bala jujuba; limonada e suco de uva. **Tempo: 10 minutos.**

Solicite aos participantes que criem uma estrofe ou um poema que represente os sentimentos provocados pela vivência *Experimento dos Sentidos.*

Tempo: 10 minutos.

Vocês saberiam dizer qual foi a nossa intenção dentro da neurociência ao propormos a vivência *Experimento dos Sentidos*?

Para responder utilizem a Mímica. **Tempo: 10 minutos.**

Solicite que os subgrupos se preparem para apresentar

Após todas as apresentações

Passe o Vídeo *Sinfonia do Cérebro.* https://www.youtube.com/watch?v=HDgEUuxyaQ

A Pressão do Ensino: Para Que Serve um Barômetro?

Anda circulando pela Internet e no Whatsapp uma historinha falsa, mas muito edificante. A pressão do ensino: Para que serve um barômetro? Há algum tempo recebi um convite de um colega para servir de árbitro na revisão de uma prova de física que recebera nota zero. O aluno dizia merecer nota máxima. Professor e aluno concordaram em submeter o problema a um juiz imparcial, e eu fui o escolhido. Chegando à sala de meu colega, li a questão da prova: Mostre como se pode determinar a altura de um edifício bem alto com o auxílio de um barômetro. A resposta do estudante foi a seguinte: Leve o barômetro ao alto do edifício e amarre uma corda nele; baixe o barômetro até a calçada e em seguida levante, medindo o comprimento da corda – esse comprimento será igual à altura do edifício. “Sem dúvida a resposta satisfazia o enunciado, e por instantes vacilei quanto ao veredicto. Recompondo-me rapidamente, disse ao estudante que ele tinha respondido à questão, mas sua resposta não comprovava conhecimentos de física, que era o objeto da prova. Sugeri então que ele fizesse outra tentativa de responder à questão. Meu colega concordou prontamente e, para minha surpresa, o aluno também. Segundo o acordo, ele teria seis minutos para responder à questão, demonstrando algum conhecimento de física. Passados cinco minutos, ele não havia escrito nada, apenas olhava pensativamente para o forro da sala. Perguntei-lhe então se desejava desistir, pois eu tinha um compromisso logo em seguida. Mas o estudante anunciou que não havia desistido. Ele estava apenas escolhendo uma entre as várias respostas que concebera. “De fato, um minuto depois ele me entregou esta resposta: Vá ao alto do edifício, incline-se numa ponta do telhado e solte o barômetro, medindo o tempo t de queda desde a largada até o toque com o solo. Depois, empregando a fórmula h = (1/2)gt2, calcule a altura do edifício . Nesse momento, sugeri ao meu colega que entregasse os pontos e, embora contrafeito, ele deu uma nota quase máxima ao aluno. “Quando ia saindo da sala, lembrei-me de que o estudante havia dito ter outras respostas para o problema. Não resisti à curiosidade e perguntei-lhe quais eram essas respostas. Ele disse: Ah! sim, há muitas maneiras de achar a altura de um edifício com a ajuda de um barômetro. Por exemplo: num belo dia de sol pode-se medir a altura do barômetro e o comprimento de sua sombra projetada no solo, bem como a do edifício. Depois, usando-se uma simples regra de três, determina-se a altura do edifício. Um outro método básico de medida, aliás bastante simples e direto, é subir as escadas do edifício fazendo marcas na parede, espaçadas da altura do barômetro. Contando o número de marcas tem-se a altura do edifício em unidades barométricas. Um método mais complexo seria amarrar o barômetro na ponta de uma corda e balançá-lo como um pêndulo, o que permite a determinação da aceleração da gravidade (g). Repetindo a operação ao nível da rua e no topo do edifício, obtêm-se duas acelerações diferentes, e a altura do edifício pode ser calculada com base nessa diferença. Se não for cobrada uma solução física para o problema, existem muitas outras respostas. Minha preferida é bater à porta do zelador do prédio e dizer: Caro zelador, se o senhor me disser a altura deste edifício, eu lhe darei este barômetro. A essa altura, perguntei ao estudante se ele não sabia qual era a resposta *esperada* para o problema. Ele admitiu que sabia, mas estava farto das tentativas do colégio e dos professores de dizer como ele deveria pensar. (Autor desconhecido. Corre uma versão de que o aluno teria sido o Niels Bohr, e o árbitro, Lord Rutherford, ambos premiados com o Nobel, 1922 e 1910, respectivamente. Do professor, nenhuma notícia.)

Beth Motta, Beth Castilho, Marco Antônio
e Adriana Galuppo

Nossa versão foi retirada do site do professor de ciências da computação Valdemar Setzer, da USP. Uma versão em francês (também reproduzida no site) afirma que a história é do começo do século.

Anexo II: Como melhorar sua habilidade de ouvinte

Ouvir ativa e empaticamente é uma habilidade essencial para aqueles que exercem cargos de chefia. É uma habilidade que pode e deve ser desenvolvida, pois evita o mal-entendido e diversos tipos de erros por parte de todos que exercem algum tipo de liderança. Mas a maioria de nós realmente tem dificuldade em ouvir com eficácia.

Pensemos aqui três formas de ouvir:

A primeira, a única que a maioria de nós utiliza, é quando o foco continua em você.

Experimente: solicite a alguém que lhe conte como foi o último fim de semana, se ao escutá-lo você interrompe o fluxo de informações com pensamentos ou frases do tipo: "eu não faria assim" ou "não gosto de *xyz,* prefiro *acd*" ou se ao escutá-lo pensa no que você vai dizer a seguir; se isto acontece então você não está ouvindo com empatia e provavelmente irá perder indicadores importantes do que o outro está dizendo.

Na segunda forma de ouvir, o foco está no outro. Você repete com suas palavras o que o outro disse para conferir o significado, você não julga o que o outro está dizendo. Faz perguntas que levem ao melhor entendimento.

Na terceira forma de ouvir, o foco está no outro e você está utilizando todos os seus sentidos e a sua intuição. Além de ouvir como na segunda forma, você observa a postura do outro, ele está sentado na ponta da cadeira? Indicando inibição ou constrangimento? Os ombros estão encolhidos? Indicando cansaço ou desânimo? A voz é firme ou está emocionada? E mais, você escuta a sua intuição e percebe quando tem algo estranho. Parece que o outro está falando de algo, mas gostaria de dizer outra coisa? Esse esconder alguma coisa será consciente ou não será intencional?

Faça o exercício abaixo, se em menos de três minutos conseguir encontrar a resposta certa, você provavelmente está usando sua intuição.

Exercício:

Forme duas palavras utilizando todas as seguintes letras: AAAADLPRSSUV

Bom, se você não conseguiu realizar o exercício, saiba que a forma com que nós ouvimos o outro é um hábito que pode ser mudado, aqui vão algumas dicas para melhorar a sua habilidade em ouvir com foco no outro e usando sua intuição.

1. Primeiro crie um espaço para a automotivação, pergunte a você mesmo como se sente quando alguém te escuta interrompendo ou sem dizer uma palavra que demonstre que está ouvindo realmente, depois o contrário, como se sente quando alguém te ouve com empatia.

2. Fale 20% e ouça 80% do tempo.

3. Dê sinais de que está ouvindo, tente resumir e dizer o que o outro falou.

4. Evite preparar a resposta mentalmente enquanto está ouvindo.

5. Observe o outro, além das palavras, postura, tom de voz, qualquer coisa que dê as dicas de como o outro se sente.

6. NÃO INTERROMPA.

7. Coloque-se no lugar do outro, não para dizer o que você faria, mas para entender como o outro se sente.

8. Elimine distrações externas. Telefonemas, computador, TV etc.

9. Faça o seguinte exercício: Dê bom dia a alguém e acrescente sem dar nenhuma indicação de agrado ou desagrado: "Que temperatura está fazendo hoje, hein?" Tente descobrir o estado de espírito do outro ouvindo sua resposta.

Roda das Virtudes

Criação: Cláudia Oliveira e Evaldo Negreiros

Tema

Quebra gelo, abertura de reuniões, acolhimento em grupos que se conhecem.

Fase de Grupo

Inclusão.

Objetivos

Conhecer um pouco mais os participantes do grupo.

Tamanho Do Grupo

Qualquer tamanho.

Tempo

Vai depender do tamanho do grupo, se o grupo for grande calcular um minuto por pessoa, se for menor pode dar mais tempo para as pessoas se expressarem.

Arranjo Físico

Sala espaçosa para que as pessoas fiquem em pé, em circulo onde todos se vejam.

Material Necessário

- Um circulo com as 16 virtudes impressas (generosidade, lealdade, integridade, discernimento, vontade, cortesia, disciplina, serenidade, bondade, determinação, paciência, nobreza, coragem, respeito, humildade e honestidade).

Vivência

Perguntar para o grupo se eles sabem: O que são as virtudes?

Alinhar o conceito:

Virtude é uma qualidade moral particular e vem do grego e latim. Virtude é a disposição de um indivíduo de praticar o bem; e não é apenas uma característica, trata-se de uma verdadeira inclinação, virtudes são todos os hábitos constantes que levam o homem para o caminho do bem.

Há diferentes usos do termo, que estão relacionados com a força, a coragem, o poder de agir, a eficácia de um ou a integridade da mente.

Virtude é um conceito que remete para a conduta do ser humano, quando existe uma adaptação perfeita entre os princípios morais e a vontade humana.

Há virtudes intelectuais, que são ligadas à inteligência, e as virtudes morais, que são relacionadas com o bem. A virtude intelectual consiste na capacidade de aprender com o diálogo e a reflexão em busca do verdadeiro conhecimento.

A virtude moral, por sua vez, é a ação ou comportamento moral, é o hábito que é considerado bom de acordo com a ética.

Virtude foi um tema bastante abordado pelo filósofo Aristóteles, que fez a diferenciação entre virtudes intelectuais e virtudes éticas (ou morais), sendo que o estado ideal é a moderação, o que se encontra no meio do defeito e do excesso.

Virtude intelectual é aquela que nasce e progride graças aos resultados da aprendizagem e da educação, e a virtude moral não é gerada em nós por natureza, é o resultado do hábito que nos torna capazes de praticar atos justos.

Para Aristóteles, não existem virtudes inatas, todas se adquirem pela repetição dos atos, que gera o costume, e esses atos, para gerarem as virtudes, não devem desviar-se nem por falta nem por excesso, pois a virtude consiste na justa medida, longe dos dois extremos.

Segundo Platão, cada segmento da alma deve atuar de acordo com a virtude que lhe corresponde. Desta forma, a ação do homem é determinada.

Em geral, na linguagem cotidiana, a virtude é usada para nomear as qualidades gerais de qualquer pessoa.

- Após a explicação, pedir para cada participante girar a roda e ter a virtude sorteada, e cada participante reflete: Esta virtude faz sentido para você?

Relato de Sentimentos

Perguntar como as pessoas se sentiram com a atividade e com o sorteio da virtude.

Processamento

Não se aplica.

Generalização

Qual o papel desta virtude na sua vida?

Aplicação

Como você pode utilizar esta reflexão no seu dia a dia.

Anexo 1 – Roda das Virtudes

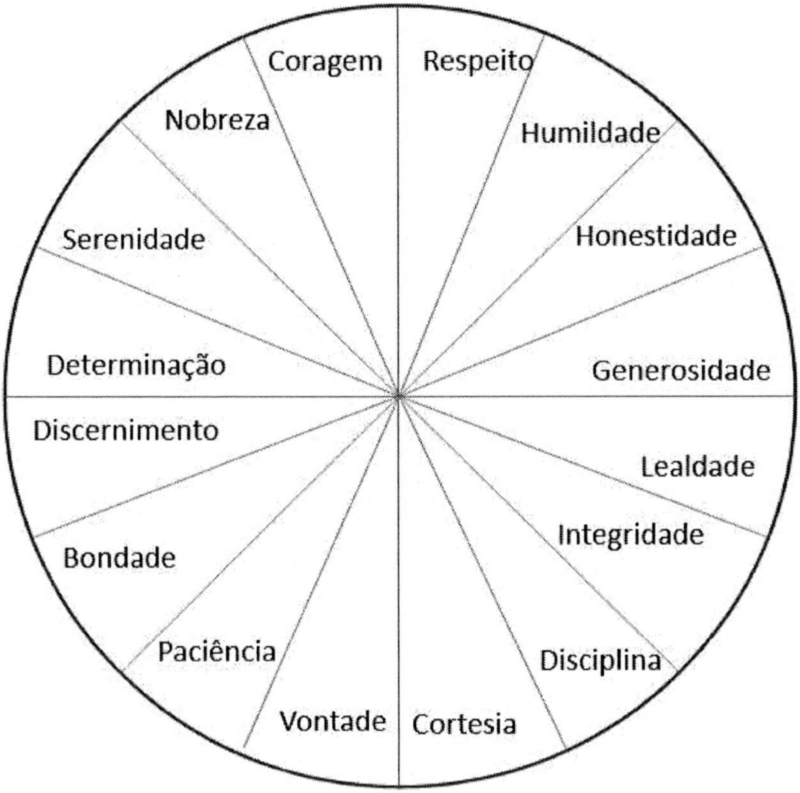

Texto e Contexto

Criação: Sônia Veiga e Rosana Tozelli

Tema

Trabalho de Equipe.

Fase Do Grupo

Controle.

Objetivos

Motivação, Comunicação, Foco em Resultados, Trabalho Sob Pressão, Percepção, Liderança, Flexibilidade.

Tamanho do Grupo

De 15 a 20.

Tempo

60 min.

Arranjo Físico

Sala ampla.

Material Necessário/Montagem

- Um texto de no máximo 20 linhas (igual ao número de participantes), assunto que sirva para posterior reflexão do grupo.

- Quebrar o texto escolhido em frases (recortar frases quantas forem o número de participantes) e escrevê-las em tiras de cartolina/outro, coloridas. Escrever as frases com pincel de cores diferentes;
- Enrolar cada tira, fazendo rolos em diferentes tamanhos e prender com um pedacinho de fita crepe;
- Dispor os rolinhos com as frases quebradas no chão, embaralhando os tamanhos e, em consequência, a ordem correta do texto;

Vivência

Dar as instruções

- Esses rolos/rolinhos têm frases incompletas. Todavia, dispostas de forma correta formarão um texto conexo, coerente;
- A função de vocês é, em total silêncio, montar o texto no quadro, colando as frases na ordem correta;
- Vocês devem escolher um rolo/rolinho e mantê-lo fechado até que seja liberado pela facilitadora;
- Ao sinal, os participantes abrem seu rolo/rolinho, leem, analisam e, um a um, procedem à colagem no quadro (ou papelógrafo) na ordem que supõe correta. Apenas uma pessoa por vez;

  Obs.: a pessoa pode ir quantas vezes quiser; pegando uma frase colada e recolar a frase em outro lugar que julga correto ou deixá-la fora, no pé do quadro.

- Pode-se discordar ou não da ordem em que o colega colocou sua frase. Ao discordar, deve-se retirar a frase para a parte de baixo do quadro de forma que se possa ser lida. Ficará lá até que seja colocada por alguém, novamente;

- Uma pessoa por vez deverá colar ou descolar uma frase no quadro;
- A atividade será feita em total silêncio. Entretanto, pode ser usada a mímica, sinais faciais e sinais com as mãos;
- A atividade deverá estar concluída em 30 minutos.

Relato de Sentimentos

Expressar seu sentimento com uma única palavra.

Processamento

Em grupo de quatro, observar dois aspectos que acreditam ter caracterizado o grupo durante a atividade.

> **Obs.:** o facilitador escreve no quadro/papelógrafo as observações de cada grupo de participantes, colocando aspectos positivos de um lado e negativos de outro (caso apontem). Solicitar independente do número.

Generalização

Respondam em grupo: Que aspectos da atividade realizada guardam semelhança com o dia a dia de trabalho?

Aplicação

Solicitar que cada um fale qual das características apontadas pelos grupos se compromete a praticar ao longo deste semestre.

Obs.: O grupo lê o texto e cada um faz comentário sobre o que foi mais significativo.

Todos Somos Iguais/Todos Somos Diferentes Diversidade nos grupos

Criação: Nina Ligia de Castro e Thelma Teixeira

Tema

Interação, relacionamento interpessoal, diversidade.

Fase de Grupo

Inclusão.

Objetivo

Identificar a composição do grupo. Facilitar a interação dos participantes. Refletir sobre a diversidade (diferenças e semelhanças) existente nos grupos aos quais pertencem.

Tamanho do Grupo

Qualquer número de participantes.

Tempo

De uma a duas horas.

Arranjo Físico

Espaço amplo para o grupo se movimentar.

Material

- Textos para leitura prévia: *Diversidade Cultural e a Universalidade de Valores*, Luis Paulo Rouanet e *Origem Comum*, Marcelo Gleiser

Processo

O facilitador inicia propondo ao grupo que se conheçam mais.

Solicita que os participantes levantem-se e informa-lhes que falará algumas categorias existentes nos grupos e pedirá que identifiquem-se com elas.

Explica que serão formados grupos em locais diferentes no ambiente físico de acordo com a identificação com as categorias faladas.

Inicia com categorias mais simples e menos ameaçadoras e prossegue com outras mais reveladoras.

Categorias

Lugar de nascimento: com um grupo de predominância Amazonense ou Manauara, comece com os nascidos fora daqui. Pergunte se alguém cresceu ou viveu uma quantidade de tempo significativa fora daqui. Peça que citem o local de nascimento ou onde viveram.

Siga então com os nascidos no Amazonas e Manaus.

Posição na família: quem é filho mais velho na família de origem? Quem é filho mais novo? Do meio? Caçula? Gêmeos?

Grupos étnicos e culturais: grupos de descendência: europeus, africanos, índios ou asiáticos. Há membros descendentes de cigano? Lembre-se de perguntar: "Esqueci de algum grupo?".

Religião: Para quais de vocês a religião foi importante durante a infância? Para quem não foi importante? Quem foi educado como católicos, protestantes, evangélicos, batistas, espíritas. Outra religião que não mencionei?

Alguém mantém a mesma religião com a qual foi educado? Alguém mudou?

Situação Econômica: Quem cresceu numa família com menos recursos econômicos que o necessário? Com o necessário? Com mais que o necessário?

Idade: Nomear as idades em espaços de cinco a dez anos e pedir a cada pessoa que se apresente com orgulho da idade que tem.

Identidades ocultas: Há muitas outras identidades não evidentes que afetam nossas vidas. Algumas são mais difíceis de lidar, como ter pais ou filhos alcoólicos, parentes viciados em drogas, parentes presos, criar os filhos sozinho, desemprego, suicídio na família etc.

Importante saber o que nos machuca, onde está nossa dor, o que nos paralisa e não nos deixa caminhar. Levantar algumas dessas categorias.

Categorias adicionais:

Quem de vocês pertenceu a uma minoria na vizinhança onde foram criados? A uma minoria na escola? Quem teve um amigo ou amiga de outra classe social, religião, raça, nacionalidade, orientação sexual etc.? Quem já teve ou tem apelidos desqualificantes?

Quem sofreu algum tipo de discriminação em qualquer ocasião da vida?

Quem tem na atualidade uma relação mais íntima com alguém de outra raça, religião ou classe econômica? Etc.

Para finalizar a separação em grupos por categorias, abrir para as pessoas que queiram compartilhar com o grupo algumas dessas situações.

Obs.: As situações podem ser dramatizadas no caso do facilitador ter formação em Psicodrama, observando ainda se há tempo e se o grupo está na fase de abertura.

Após o compartilhamento das situações, solicitar que compartilhem também os sentimentos vivenciados durante a atividade (Relato de Sentimentos).

Pedir que descrevam como foi o processo do grupo na atividade (Processamento).

Para reflexão final:

Quantos mundos, quantas histórias, quantas semelhanças e diferenças existem entre nós?

Qual o grau em que se deve tolerar a diversidade sem por em risco a convivência pacífica? (Esta pergunta faz parte do primeiro texto descrito no item Material Necessário.)

> "A visão moderna do cosmo nos aproxima uns dos outros porque somos todos compostos dos mesmos elementos químicos, forjados há bilhões de anos nas mesmas estrelas. Nossa história é a mesma".
> (Marcelo Gleiser)

A reflexão final será seguida de uma exposição dialogada sobre o tema Diversidade (Generalização).

Após a exposição, solicitar que reflitam sobre uma ação a ser tomada pelo grupo para reconhecer e gerir a Diversidade no grupo (Aplicação).

Trilha de Dominós

Criação: Rosangela Barros e William Neves

Tema

Trabalho em equipe, liderança, distribuição de papéis/tarefas, comunicação e habilidade em negociação.

Fase do Grupo

Controle.

Objetivos

Propiciar ao grupo a visão da importância de um trabalho em equipe.

Tamanho do Grupo

Aproximadamente 20 pessoas.

Tempo

Uma hora e 15 min.

Vivência: aproximadamente 30 min.

Arranjo Físico

Sala espaçosa (aproximadamente $2m^2$ por pessoa) que permita o trabalho no chão.

Material Necessário

- Quatro jogos de dominós pedagógicos.
- No caso de dominó comum observar que quanto mais barato o dominó, mais leve é, portanto maior o grau de desafio da atividade.
- Não comprar dominós tipo lâmina, pois não param em pé.
- *Flipchart* com as folhas respectivas e pincéis

Vivência

Dividir os participantes em dois grupos.

Entregar a cada grupo dois jogos de dominós.

Cada grupo deve montar uma trilha com todos os dominós que possuirem.

Esta trilha deve ter no mínimo uma curva e uma bifurcação.

Os dois grupos devem planejar para que as trilhas se juntem em alguma das extremidades.

O objetivo de toda a turma é fazer com que todos os dominós caiam com um único toque.

O Facilitador escolhe por qual das pontas vai derrubar a montagem.

Relato de Sentimentos

Cartaz Simbólico (por exemplo, *Treim bão*)

Processamento

Palavra Chave (o Facilitador anota no *flipchart* as palavras que sintetizam o conteúdo desta fase)

Generalização

Anotações do Processamento (a partir das palavras anotadas no *flipchart*)

Aplicação

Meta de Autodesenvolvimento (no máximo três metas para serem cumpridas em um prazo de até seis meses).

Troca de Um Segredo

Elaborada por: Beth Castilho, Evaldo Negreiros, Lourdes Ribeiro, Sandra Mendes, Sônia Oliveira, Teresa Cifani e Thelma Teixeira

Tema

Controle. Relação de confiança e revelar os não ditos.

Fase de Grupo

Controle.

Objetivos

Analisar o próprio comportamento e sua interferência no seu relacionamento de grupo. Favorecer o estabelecimento de relações de confiança e empática. Favorecer o entendimento sobre a importância do autoconhecimento para o estabelecimento de relações mais maduras.

Tamanho do Grupo

De 12 a 15 participantes.

Tempo

60 minutos (aproximado).

Arranjo Físico

Sala ampla e com cadeiras móveis.

Material Necessário

- *Flipchart*, lápis e tarjetas.

Vivência

Iniciar convidando os participantes para uma reflexão sobre o próprio grupo e as três fontes de sofrimento do ser humano, que são: as catástrofes, o envelhecimento (medo da perda) e o relacionamento interpessoal. Segundo Freud, geradoras de angústia.

Perguntar: Como lidar com as angústias?

Pensando nas nossas angústias quando nos relacionamos com os outros, nas palavras não faladas, nos medos não expressos, nas dúvidas não resolvidas, lhes faço um convite: USAR ESTE MOMENTO PARA REVELAR O NÃO DITO.

Vocês deverão escrever na tarjeta que receberam uma dificuldade ou incômodo que vivenciam nas relações estabelecidas neste grupo e que não gostariam de expor oralmente. Usem letra de forma para não revelar o autor. Ao terminar, dobrem o papel em quatro partes iguais e me entreguem.

O facilitador recolhe, embaralha e distribui novamente uma tarjeta para cada participante.

Diga: abram a tarjeta, leiam e se identifiquem com a dificuldade.

Assuma a dificuldade que está escrita na tarjeta como sua e o apresente usando a primeira pessoa. Faça os ajustes gramaticais necessários e dê uma solução para ela.

O grupo pode contribuir com soluções. Ninguém deve comentar ou justificar a situação apresentada pelo colega, apenas sugerir soluções para a questão apresentada, se houver.

Ao final, após as apresentações, coordenar o processamento.

Relato de Sentimentos

- Solicitar que cada participante expresse seus sentimentos ao redigir a dificuldade e ao escutar as possíveis soluções ou interpretações.
- Como você se sentiu colocando-se no lugar do outro?
- O que você sentiu quando o outro relatou a sua dificuldade?
- Como você se sentiu aqui e agora no grupo?

Vitrine

Criação: Ana Maria Simões, Cacilda Lorentz, Eliete Viana, Magda Costa, Raquel Caetano

Tema

Apresentação e realinhamento de equipe, formação de novos grupos de trabalho para projetos específicos dentro da mesma organização. Construção de um *contrato de convivência.*

Fase do Grupo

Abertura.

Objetivos

Criar oportunidade para que os participantes se conheçam ou atualizem informações sobre pessoas que já conhecem, mas estão em projetos diferentes e passarão a se relacionar novamente. Valorizar a experiência e bagagem que cada integrante traz consigo ao integrar o grupo do qual passará a fazer parte. Criar a oportunidade para que as pessoas possam expressar e acordar regras de convivência.

Tamanho do Grupo

Até 20 pessoas.

Tempo

Estará atrelado ao número de participantes. Para um grupo de 15 pessoas, tempo aproximado de 90 minutos.

Arranjo Físico

Sala em *U* ou em círculo.

Material Necessário

- Folha com as perguntas do formulário anexo e caneta ou lápis. Local para afixar o anexo, após conclusão da técnica, transformando-o em uma *vitrine*.
- Definir previamente espaço para afixar o material elaborado pelo grupo e fita adesiva.

Vivência

O facilitador deverá contextualizar o grupo, explicando o objetivo do encontro. Em caso de realinhamento de equipe ou formação de novos grupos de trabalho para projetos específicos dentro da mesma organização, o facilitador deverá apresentar alguns dados dos integrantes, como por exemplo: áreas em que estavam antes de pertencer ao novo grupo, importância do grupo formado em relação ao projeto em que estarão inseridos etc.

1. O facilitador deverá entregar o formulário (anexo, com as adaptações que julgar necessário), e solicitar que preencham as informações, selecionando aquelas que julgarem relevantes. Tempo: 10 minutos.

2. Depois da etapa individual, solicitar que as pessoas compartilhem o conteúdo do anexo. Após a apresentação das informações, os demais membros deverão ser estimulados a fazer perguntas que possam sanar curiosidades ou dúvidas. Tempo: 1 minuto por participante.

3. O facilitador deverá ficar atento ao relato para identificar ideias centrais e aspectos relevantes que deverão ser acordados para a *boa convivência* e *valores* do grupo, identificados à medida que as pessoas se expressarem (as informações serão úteis no fechamento).

Relato de Sentimentos

Solicitar aos participantes que relatem sentimentos predominantes que surgiram ao preencherem o formulário e ao compartilhar o conteúdo do mesmo com os demais.

Processamento

Registrar dificuldades e facilidades para execução da atividade.

Generalização

Pedir ao grupo que se divida em grupos menores, destacando pontos fortes da equipe e a proposta de regras de convivência, com base nas apresentações, para que um relator possa apresentar em plenária. Após apresentação do relator de cada grupo, o facilitador deverá verificar se os itens identificados nas apresentações individuais e destacados pelo facilitador foram contemplados pelos grupos. Caso o facilitador verifique que algum ponto importante foi omitido, deverá destacá-lo.

Definir um local onde temporariamente os formulários ficarão afixados, como se fosse uma *vitrine* com as informações dos integrantes, acrescido do material elaborado pelos subgrupos. Esta tarefa deverá ser realizada em conjunto.

Aplicação

E agora? Pedir aos integrantes para registrarem em papel à parte o que pessoalmente deverá fazer para assegurar a boa convivência do grupo, bem como o êxito do projeto no qual estão inseridos.

Anexo:

VITRINE

Nome completo:

1 – Formação:

- Graduação:
- Especialização:
- Quatro cursos mais relevantes:
- Mestrado:
- Outros...

2 – O que você faz hoje (ou fazia até integrar este novo grupo)? Cite suas experiências profissionais e extra-profissionais. Seja breve... Sintetize em no máximo dez linhas, de preferência em tópicos:

1.
2.
3.
4.
5.
6.
7.
8.
9.
10.

3 – Considerando suas competências profissionais, quais são suas principais áreas de interesse hoje:

4 – Quais as suas expectativas em relação ao Projeto?

5 – Como você poderá efetivamente contribuir para o sucesso desta equipe e do projeto na qual está inserido?

6 – Quais regras de convivência você sugere, para que o clima de trabalho seja agradável, respeitoso e produtivo?

7 – O que você não aceita na convivência em grupo?

8 – Como você gostaria de ser lembrado pela família, amigos e área profissional? Sintetize em uma palavra, uma frase, um pequeno texto...

Vivenciando Valores

Criação: Beth Castilho, Lourdes Ribeiro, Sônia Oliveira e Thelma Teixeira.

Tema

Controle. Valores para a vida.

Fase de Grupo

Controle.

Objetivos

Criar a oportunidade para reflexão sobre a importância dos valores para vida.

Tamanho do Grupo

Até 30 participantes.

Tempo

60 minutos (aproximado).

Arranjo Físico

Sala ampla e com cadeiras móveis.

Material Necessário

- CD com música de relaxamento. Cartões com valores. *Datashow*.

Vivência

Colocar uma música suave.

Contar a fábula *O Galo que cantava para fazer o sol nascer* que encerra com a importância de ressignificar as nossas crenças.

Encerrar esta fase com as seguintes colocações: O homem, pela sua configuração mental ou espiritual, vive num ambiente de valores, símbolos e sinais. Diante disso, torna-se necessária uma exata compreensão desses valores. A fábula nos obriga a efetuar uma reflexão da importância de uma redefinição do que é o poder. As relações de poder mudam na medida em que os valores criam novos significados e maneiras de conceber a vida.

Estamos em uma encruzilhada – ou aceitamos a renovação pessoal e social pelo reconhecimento dos valores e os elaboramos interiormente (como o galo), ou nos agarramos a convicções preconceituosas e individualistas. Os valores descrevem como queremos nos comportar em relação aos outros. Eles definem a visão de si mesmo e do mundo e a direção a seguir. Portanto, o resgate dos valores humanos é o nosso desafio.

O nosso convite é para a autorreflexão.

Que cada um de nós, na sua imensa possibilidade, faça uma análise de como lida com as situações. De que não abre mão na vida?

Feche os olhos e imagine a sua infância. Pode ficar de olhos abertos ou fechados. Pense nas brincadeiras prediletas, amigos... contatos, escola... O que valorizava naquela época? O tempo passa e você cresce... adolescência... vida adulta... Hoje... Imagine vivenciando os valores que surgiram na sua infância...

Agora... lentamente... abra os olhos e forme subgrupos, de no máximo cinco pessoas, e compartilhe o valor vivenciado. Verbalize os sentimentos gerados.

Após esse momento distribuir os valores do grupo ou da empresa.

Respondam: qual a correlação entre os valores pessoais com os do Grupo ou da Empresa? Como exercita estes valores? Fale de você e não do outro.

Relato de Sentimentos

Solicitar que cada participante expresse seus sentimentos:

- ao fazer um passeio pela sua infância e quando estava em subgrupos conversando sobre os valores do grupo/empresa..

Processamento

Como o grupo realizou a atividade?

O que facilitou?

O que dificultou?

Quais os aprendizados?

Em plenário, abordar os aprendizados e elaborar um plano para o estabelecimento de relações mais efetivas.

Generalização

Identificar valores é potencializador e partilhá-los é enaltecedor. Inspira o comprometimento de seguir valores mais elevados e fornece a base sobre a qual escolher o curso correto de ação no momento certo.

Quando as pessoas em grupos, organizações, sociedades e no mundo partilham valores, elas percebem que o que nos liga é maior do que as coisas que nos separam.

"O mundo se tornará um lugar melhor quando cada indivíduo se tornar uma pessoa melhor".

Aplicabilidade

Ao final da apresentação encerrar com a seguinte pergunta:

– Além dos valores da empresa/grupo apresentados, quais outros poderíamos incluir?

Reflita: Como fortalecer esses valores no convívio do grupo?

Referências – *Vivendo Valores – um manual.* Universidade Espiritual Brahma Kumaris.

Aulas de Transformação – O programa de Educação em VALORES HUMANOS – Série Educação para a Paz. Marilu Martinelli – Ed. Fundação Petrópolis

FÁBULA O GALO QUE CANTAVA PARA FAZER O SOL NASCER

ALVES, Rubem. ESTÓRIAS DE BICHOS, Adaptação

Era uma vez um galo que acordava bem cedo todas as manhãs e dizia para a bicharada do galinheiro:

__ *Vou cantar para fazer o sol nascer...*

Ato contínuo, subia até o alto do telhado, estufava o peito, olhava para o nascente, cantava e ficava esperando...

Dali a pouco a bola vermelha começava a aparecer, até que se mostrava toda, acima alas montanhas, iluminando tudo. O galo se voltava, orgulhoso, para os bichos e dizia:

– *Eu não falei?*

E todos ficavam boquiabertos e respeitosos ante poder tão extraordinário conferido ao galo: cantar pra fazer o sol nascer. Ninguém duvidava. Tinha sido sempre assim. Também o galo-pai cantara para fazer o sol nascer, e o galo-avô...

Tal poder extraordinário provocava as mais variadas reações. Primeiro, os próprios galos não estavam de acordo. E isto porque não havia um galo só. Quando a cantoria começava, de madrugada, ela ia se repetindo pelos vales e montanhas. Em cada galinheiro havia um galo que pensara a mesma coisa e julgava todos os outros uns impostores invejosos. Além do que não havia acordo sobre a partitura certa para fazer o sol nascer. Cada um dizia que a única verdadeira era a sua, todas as outras não passando de falsificações e heresias. Em cada galinheiro imperava o terror. Os galos jovens tinham de aprender a cantar do jeitinho do galo velho, e se houvesse algum que desafinasse ou trocasse bemóis por sustenidos, era imediatamente punido. Por vezes, a punição era um ano de proibição de cantar. Sendo mais grave o desafino, ameaçava-se com o caldeirão de canja do fazendeiro, fervendo sobre o fogão de lenha.

Depois, havia grande ansiedade entre os moradores do galinheiro. E se galo ficasse rouco? E se esquecesse da partitura? Quem cantaria para fazer nascer o sol? O dia não amanheceria. E por causa disso cuidavam do galo com o maior cuidado. Ele, sabendo disso, exigia um tratamento de primeira.

E aconteceu, como era inevitável, que certa madrugada o galo perdeu a hora e não cantou para fazer o sol nascer. Mas o sol nasceu sem o seu canto.

O galo acordou com o rebuliço no galinheiro. Todos falavam ao mesmo tempo.

– *O sol nasceu sem o galo... O sol nasceu sem o galo...*

O pobre galo não podia acreditar naquilo que os seus olhos viam: a enorme bola vermelha, lá no alto da montanha. Como era possível?Teve um ataque de depressão ao perceber que o seu canto não era tão poderoso como sempre pensara. E a vergonha era grande!

Passou-se muito tempo sem que se ouvisse o cantar do galo de deprimido e humilhado que ele estava. Até que numa bela manhã, o galinheiro foi novamente despertado com o canto do galo. Lá estava ele, no alto do telhado, peito estufado...

– *Está cantando pra fazer o sol nascer, perguntou o peru em meio a uma gargalhada.*

– *Não*, respondeu o galo. **Antes eu cantava pra fazer o sol nascer. Hoje eu canto porque o dia nasce!**

Modelo de Diagnóstico de Equipe

Sonia Veiga

O modelo a seguir permite, de forma bastante rápida, pesquisar como se encontram os cinco pilares de sustentação a um efetivo trabalho de equipe, defendidos por Patrick Lencione, a saber: Foco nos Resultados, Responsabilidade, Comprometimento, Conflito, Confiança.

Segundo o autor, observa-se nas organizações tentativas frustradas de promoção do trabalho em equipe em vista de, inadvertidamente, as equipes caírem em cinco armadilhas comuns, todavia fatais, que ele chama de *As cinco disfunções das equipes* (o inverso dos pilares de sustentação), que são: falta de atenção aos resultados, evitação de responsabilidade, falta de comprometimento, medo do conflito e ausência de confiança. Argumenta o autor que não há como abordar individualmente essas disfunções, pois a ocorrência de qualquer delas acarretaria desempenhos inexpressivos, moral rebaixado e desmotivação. O verdadeiro trabalho de equipe, no seu entender, só é possibilitado pela "construção de vínculos, ajuda mútua, gestão dos conflitos, fortalecimento da relação de confiança e foco em resultados".

Um gerente atento e atuante deverá promover a superação das disfunções, atacando-as amplamente na equipe. Nesse sentido, Patrick Lencione argumenta que os membros de equipes verdadeiramente coesas se comportam inversamente às disfunções:

1 – Eles confiam uns nos outros;

2 – Eles se envolvem em conflitos de ideias sem qualquer censura;

3 – Eles se comprometem com as decisões e planos de ação;

4 – Eles chamam uns aos outros à responsabilidade quando alguma coisa não sai de acordo com os planos;

5 – Eles se concentram na realização dos resultados coletivos. (LENCIONE, 2007)

O formulário, *Os Cinco Desafios Das Equipes* (anexo), baseado na obra de mesmo nome, é respondido individualmente num primeiro momento. Posteriormente os resultados de todos são trabalhados em pequenos grupos, de forma a permitir total transparência dos dados, discussão e corresponsabilidade pelas ações propostas de desenvolvimento. O grupo pode então refletir acerca de suas características, identificando positividades e restrições existentes, objetivando propiciar ações mais acertadas a partir de novos aportes comportamentais de seus membros.

Dessa forma, no formulário de perguntas e respostas são descritos, em quadros, os cinco pilares das equipes: *Foco em Resultados, Responsabilidade, Comprometimento, Conflito* e *Confiança.* Para cada um desses desafios foram Iistadas as respectivas evidências comportamentais.

"Cada membro analisa o quanto cada uma das evidências comportamentais está sendo praticada por sua equipe. Assim, numa escala de um a cinco identificam que número melhor representa o comportamento evidenciado. Nesse sentido, quanto mais próxima de cinco a nota atribuída, mais próxima da excelência a equipe é considerada. Quanto mais próxima de um, maior a necessidade de desenvolvimento desse comportamento. Os conceitos e respectivas notas da escala são:

1. Nunca / 2. Algumas vezes / 3. Frequentemente / 4. Muito frequentemente / 5. Sempre."

De posse dos dados, elabora-se um relatório ilustrado por gráfico com respectivas análises e recomendações. Como exemplo, para cada quadro-desafio apresentado é encontrada a média da equipe. A partir das médias obtidas é construído um gráfico para melhor visualização dos resultados, como no exemplo:

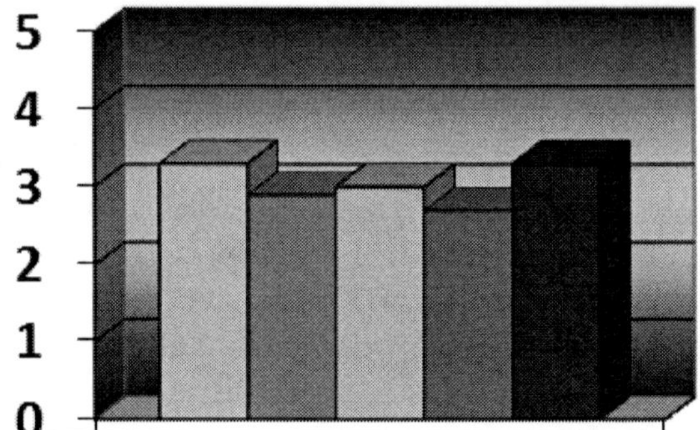

☐ Foco em Resultados	3,3
■ Responsabilidade	2,9
☐ Comprometimento	3
■ Conflito	2,7
■ Confiança	3,3

Acompanhado do gráfico vêm as respectivas análises e consequentes recomendações. Esse breve relatório servirá ao gestor como insumo para planejar o desenvolvimento da equipe e tomar decisões.

Recomenda-se que o diagnóstico *Os Cinco desafios das Equipes* seja reaplicado um a dois anos após o plano de desenvolvimento, de forma a verificar os resultados das ações implementadas.

FORMULÁRIO

DIAGNÓSTICO: OS CINCO DESAFIOS DAS EQUIPES

(Esse instrumento de diagnóstico foi adaptado do original pela profª Roselúci J. Ramos Mafia)

Visando refletir sobre o funcionamento da sua equipe e compartilhar as suas percepções com seus pares, solicitamos que você preencha as questões, orientando-se pelas seguintes diretrizes:

1. Nas páginas seguintes você encontrará descritos em quadros os cinco pilares mencionados por ***Patrick Lencioni*** em sua obra **Os 5 *desafios das Equipes:*** *Foco em resultado, Responsabilidade, Comprometimento, Conflito* e *Confiança.* Para cada um desses desafios estão listadas as respectivas evidências comportamentais;
2. Você deverá analisar o quanto cada uma das evidências comportamentais ***está* sendo praticada** por sua equipe. Na escala de 1 a 5 identifique o número que melhor represente o comportamento evidenciado. Quanto mais próxima de 5 a nota atribuída por você, mais próxima da excelência a equipe é considerada. Quanto mais próxima de 01, maior a necessidade de desenvolvimento desse comportamento.

3. Some os pontos obtidos em cada pilar e divida o resultado por 5. Você deverá fazer isto para encontrar a média total de sua equipe.

4. A partir das médias obtidas construa um gráfico comparativo. Na variável Y encontra-se a escala de

1 a 5. Na variável X estão os cinco pilares. De acordo com suas respostas nos quadros anteriores, marque um ponto na linha do número correspondente a cada pilar. Em seguida ligue os pontos e construa seu gráfico.

Observação: quanto mais sincero você for, mais verdadeiro será o retrato da sua equipe e mais acertadas serão as ações de desenvolvimento propostas.

DIAGNÓSTICO: OS CINCO DESAFIOS DAS EQUIPES

Legenda: Nunca -1 / Algumas vezes - 2 / Frequentemente - 3 / Muito frequentemente - 4 / Sempre – 5

FOCO EM RESULTADO	**1**	**2**	**3**	**4**	**5**
Temos pleno conhecimento dos resultados a serem alcançados					
Atuamos firmemente no cumprimento das metas planejadas para alcançar o resultado proposto					
Definimos objetivos claros para todos os integrantes da área.					
Revisamos periodicamente o cumprimento dos objetivos e analisamos seu rendimento por meio de indicadores específicos.					
Possuímos uma boa tolerância à pressão e à frustração, superando obstáculos que possam interferir no processo					
Média Total					
RESPONSABILIDADE	**1**	**2**	**3**	**4**	**5**
Sentimo-nos responsáveis pelos acertos alcançados bem como pelos erros cometidos na área.					
Chamamos uns aos outros à responsabilidade quando algo não atende ao que foi acordado pela equipe.					

Estabelecemos e estimulamos o respeito entre os membros da equipe.					
Evitamos burocracia excessiva no gerenciamento do desempenho e nas ações corretivas					
Média Total					
COMPROMETIMENTO	**1**	**2**	**3**	**4**	**5**
Assumimos como próprios os objetivos da gerência e sentindo-nos identificados com eles.					
Sentimo-nos orgulhosos de sermos parte da gerência e atuamos coerentemente com isto.					
Empenhamo-nos para gerar a adesão e o compromisso da equipe através da troca de informações.					
Estabelecemos prazos desafiadores e factíveis.					
Somos cuidadosos ao analisar contingências e ao calcular riscos na tomada de decisão.					
Média Total					
CONFLITO	**1**	**2**	**3**	**4**	**5**
Extraímos e exploramos as idéias de todos os membros frente a uma situação conflituosa.					
Tentamos ao máximo resolver rapidamente todos os problemas relativos à equipe.					
Colocamos abertamente todos os pontos críticos, criando um ambiente favorável para o diálogo.					
Somos cooperativos com os membros da equipe e procuramos nos ajudar mutuamente.					
Reconhecemos que o conflito é produtivo e procuramos usá-lo em favor do nosso crescimento.					
Média Total					

CONFIANÇA	**1**	**2**	**3**	**4**	**5**
Aceitamos os questionamentos e contribuições de nossos pares e gestores em nossas áreas de responsabilidade.					
Admitimos nossas dificuldades e nossas necessidades de forma aberta e transparente.					
Pedimos e aceitamos desculpas sem nenhuma hesitação.					
Compartilhamos experiências e aprendizados dentro da equipe					
Apreciamos e tiramos proveito das habilidades e experiência uns dos outros.					
Média Total					

Transfira para a tabela abaixo, hachurando, os resultados obtidos em cada um dos pilares acima, identificando áreas de vulnerabilidade. Você terá uma representação gráfica).

5					
4					
3					
2					
1					
	Foco nos resultados	Responsabilidade	Comprometimento	Conflito	Confiança

***Fonte:** prof[a] Roselúci Jardim Ramos Mafia, (2010).

Dinâmica

Classificação

Diagnóstico.

Objetivo

Identificar os cinco pilares de sustentação ao trabalho de equipe de Patrick Lencione.

Tamanho do Grupo

Mínimo de 15 pessoas (de forma a proteger mais adequadamente a opinião dos participantes).

Tempo:

60 minutos.

Arranjo Físico

Sala ampla e confortável, cadeiras soltas.

Material Necessário

- Cópias completas do questionário;
- Canetas.
- *Flipchart*;
- Pincel atômico.

Desenvolvimento

1. Primeiro momento: distribuir os questionários e solicitar que respondam individualmente – 10 minutos;
2. Após, formar pequenos grupos e orientar que apresentem suas respostas uns aos outros e que somem seus resultados por pilar, dividindo o total de cada pilar pelo número de integrantes do grupo até obter um valor para cada um dos cinco pilares – 20 minutos;
3. Instruir que deverão eleger um relator para cada grupo. Ele deverá apresentar os resultados em plenária;
4. No *flipchart,* lançar os dados de cada grupo para cada pilar, somar os resultados de cada pilar e dividir pelo número de grupos, obtendo um escore do grupão para cada um dos cinco desafios;

	FOCO RESULTADOS	RESPONSABILIDADE	COMPROMETIMENTO	CONFLITO	CONFIANÇA
GRUPO 01	3,50	3,2	3,8	4	5
GRUPO 02	4,0	4,0	4,0	3,5	4,0
GRUPO 03	2,0	3,0	3,0	2,0	2,0
TOTAL	3,2	3,4	3,6	3,2	3,0

5. Promover discussão dos resultados, ouvir comentários e perguntar se espelham a realidade e se são ratificados ou não. Ouvir considerações finais. Fazer comentários e fechar — 30 minutos.

A folha de *flipchart* com a tabulação será o insumo para elaboração de um relatório com as respectivas análises acerca dos cinco desafios. Esse relatório servirá para planejamentos e tomada de decisões.

Além da contribuição de Patrick Lencione para a Gestão de Equipes, a partir de um diagnóstico simples e prático, no seu livro podem ser seguidas ou associadas a outras mais particulares, sugestões de antídoto para cada uma das cinco disfunções que um time pode ter.

Segundo Lencioni, o Trabalho em Equipe é o que pode, efetivamente, garantir diferenciação e vantagem competitiva sustentável às organizações, muito mais que outros recursos como finanças e tecnologia.

Referência:

LENCIONI, Patrick. Os 5 Desafios das Equipes. Ed. Elsevier-Campus. Ano: 2007 / Página: 208 / 2ª Ed.

Capítulo 5: Vitalizadores

"A vida, no que tem de melhor, é um processo que flui, que se altera e onde nada está paralisado."

Carl Rogers

Vitalizadores – Testados e Recomendados

Cláudia Oliveira

Os vitalizadores são atividades de curta duração, também muito conhecidos como de aquecimento ou quebra gelo. É rápido, objetivo e eficaz para o que se propõe: aquecer, ascender, levantar e/ou acordar o grupo, descontrair, motivar, e prepara para uma atividade subsequente.

A própria expressão vitalizador sugere dar vida ou tornar vivo.

Outra função dos vitalizadores é fazer a divisão dos participantes em grupos de forma envolvente e descontraída.

A utilização de uma atividade vitalizadora não caracteriza necessariamente que vai gerar uma reflexão e/ou aprendizado, mas por envolver pessoas, tudo é possível. Os vitalizadores podem ser recreativos, competitivos ou simplesmente energizantes.

Para utilização de um vitalizador é importante considerar alguns pontos:

- As características psicológicas do grupo;
- O grau de confiança e liberdade entre os participantes;
- A tarefa que será realizada a seguir, ficando atento para seu objetivo;
- O tempo disponível para que não se percam seu objetivo. Por isso, devem ser atividades de curta duração;
- Espaço físico e recursos materiais disponíveis;

- Verificar se no grupo existe algum participante com deficiência física ou de locomoção;
- Considerar a idade dos participantes, pois existem atividades em que os participantes têm que correr ou sentar no chão, restringindo a possibilidade de participação;
- As características culturais dos participantes;
- O vestuário dos participantes. Em alguns cursos podemos observar muitos participantes com roupas sociais, o que inviabiliza atividades que necessitam sentar no chão, entre outras.

Na aplicação é preciso ficar atento para:

- Verificar se alguém no grupo conhece a atividade. Caso alguém conheça o vitalizador, coloque-o no papel de observador. Peça para não contar a *solução do problema;*
- O facilitador deve sempre ter outra atividade para substituir para o caso de muitas pessoas já conhecerem a atividade proposta;
- Caso algum participante não se disponha para realizar a atividade proposta, o facilitador deve incentivá-lo, porém sem forçar;
- Um mesmo vitalizador pode ter várias finalidades, dependendo da hora em que for utilizado e da ênfase que o facilitador der.

Amnésia

Testado e recomendado por: Cláudia Oliveira.

Classificação

Vitalizador.

Objetivos

Melhorar o processo de informação, gestão da informação e conhecimento, integração.

Tamanho do Grupo

Qualquer tamanho.

Tempo

30 minutos.

Arranjo Físico

Sala ampla que permita aos participantes circularem livremente.

Material Necessário

- Etiquetas adesivas e canetas hidrocor.

Vivência

a) Distribua etiquetas adesivas em branco, com o papel protetor. Peça para cada participante escrever o nome de uma pessoa bem conhecida, já falecida, em sua etiqueta.

b) Peça que coloquem (grudem) a etiqueta na testa de outra pessoa sem que esta veja o que está escrito.

c) Explique que todos estão sofrendo de amnésia, e não conseguem se lembrar de quem são. Convide-os a circularem entre os colegas tentando descobrir quem são unicamente através de perguntas que possam ser respondidas com *sim* ou *não*.

d) Ponha em discussão a dificuldade do exercício, e até que ponto as perguntas os impediram de serem mais eficientes.

Variações:

a) Enquanto os participantes circulam, sugira que se comportem como fariam diante daquela pessoa (exagerando, se quiserem);

b) Use pessoas vivas, personagens fictícios (da literatura, do cinema), astros da TV ou qualquer outra categoria que o grupo inventar;

c) Use etiquetas preparadas antecipadamente;

d) Embaralhe as etiquetas e aplique-as você mesmo;

e) Use etiquetas indicando estados de espírito (alegre, cínico etc.);

f) Deixe os participantes usarem perguntas abertas (desde o início, ou a partir de um certo momento).

Balão-Bol

Testado e recomendado por: Cláudia Oliveira

Classificação

Vitalizador.

Objetivos

Permitir que os participantes tenham a chance de trabalhar como uma equipe; Fazer o grupo se movimentar; Estimular a participação em diversos processos de tomada de decisão e levar o grupo a verificar o quão competitiva a maioria das pessoas é.

Tamanho do Grupo

Mínimo de quatro e máximo de vinte participantes.

Tempo

De 15 a 30 minutos.

Material Necessário

- Um pacote de balões de ar.

Vivência

1. Informe o grupo que eles vão participar de um novo jogo denominado *Balão-bol*.

O objetivo desse jogo é fazer tantos gols quanto possível no tempo regulamentar.

O grupo é dividido em duas equipes menores.

As equipes também têm de decidir onde serão os gols (podem ser duas paredes opostas).

Um gol é marcado quando a parede determinada for atingida pelo balão. Elas também têm que inflar os balões. Podem ser necessários diversos deles, uma vez que tendem a estourar com facilidade.

2. Depois que o grupo se tiver dividido em duas equipes menores, eles devem decidir para que lado cada uma quer atacar. Após tomarem essa decisão, os membros da equipe devem posicionar-se ao longo da sala.

Tendo a pessoa assumido uma posição, não é mais permitido que saia dela até o fim do exercício.

3. Sinalize para o grupo o início do jogo. O placar deve ser registrado pelos jogadores. Uma discussão deve ser promovida ao fim do exercício.

Ponto de Atenção: A instrução original determina que os participantes devem fazer a maior quantidade de gols possível.

Verifique: As equipes competiram umas contra as outras ou elas trabalharam juntas?

Se elas tivesses trabalhado juntas, o placar seria maior do que se estivessem competindo uma contra a outra. A maioria das pessoas tende a achar que deve competir em tudo.

Pontos para Debate:

1. O trabalho em equipe foi usado com eficácia? Por quê? Por que não foi?

2. Qual foi o placar final?

3. Este placar é aceitável? (veja PONTO DE ATENÇÃO)

Dança da Vassoura

Testado e recomendado por: Rosana Tozelli

Classificação

Vitalizador.

Objetivos

Estimular a descontração do grupo. Demonstrar uma forma de fazer o fio condutor.

Tamanho do Grupo

Todos.

Tempo

Dez minutos.

Arranjo Físico

Cadeiras colocadas de lado. Participantes em pé no centro da sala.

Material Necessário

- Um facilitador.
- Aparelho de som CD.
- CD de música alegre e animada. Tesoura.

- Dez tarjetas retangulares pequenas (cortadas ao meio, na horizontal).

Vivência

O facilitador prepara previamente a vassoura da seguinte forma:

Enfeitar o cabo e a ponta (sugestão: cobrir o cabo com papel colorido e colocar um laço na ponta);

No cabo, coloca as 1/2 tarjetas, com tarefas escritas em cada uma;

As tarefas devem ser: de acolhida do pessoal, de conteúdo teórico trabalhado anteriormente e de lazer.

Sugestão: Bom dia!!!!

Que bom estar aqui com vocês!!!!

Qual a importância da familiarização?

Desfile imitando uma miss Brasil!!!

Imite um político brasileiro!! ETC.

Com dinamismo, convida a turma a participar de um baile.

Apresenta a *convidada especial* que veio para dançar com todos (mostra a vassoura preparada).

Dá a orientação de que ao ritmo da música, a vassoura deve passar de mão em mão.

Quando a música parar, o participante que estiver com a vassoura na mão retira a primeira ficha, lê para todos o que está escrito. Se for uma tarefa, deve realizá-la.

O facilitador coloca novamente a música e prossegue dessa maneira até que todas as fichas tenham sido retiradas do cabo da vassoura.

Encerra a atividade, agradecendo a todos pela participação no *baile da dança da vassoura*!

Situações e Problemas Típicos

Alguns participantes podem sentir-se constrangidos e não querer dançar ou realizar as tarefas previstas.

Dicas

A participação do facilitador junto com o grupo, dançando, anima a turma.

Os participantes devem ser estimulados, sem que seja foçada a sua participação.

Auxiliar e/ou pedir ajuda aos demais na realização das tarefas, dinamiza o grupo.

É bom lembrar que este é um momento de descontração e não tem o objetivo de arguir ou expor o participante, em hipótese alguma.

Variações

Na falta da vassoura, as fichas podem ser colocadas num cabide.

Divisão de Grupos com Músicas

Testado e recomendado por: Rosana Tozelli

Classificação

Vitalizador.

Objetivos

Iniciar uma sessão. Descontrair o grupo. Agrupar os participantes.

Tamanho do Grupo

Todos.

Tempo

Dez minutos.

Arranjo Físico

Participantes inicialmente sentados em semicírculo. Posteriormente, circulando pela sala.

Material Necessário

- Um facilitador.
- Tarjetas retangulares pequenas, com títulos de músicas brasileiras.

Vivência

O facilitador prepara as tarjetas com antecedência da seguinte forma: recorta ao meio, na posição horizontal, e escreve títulos de músicas, de modo a possibilitar a formação de quatro ou cinco grupos, cada um com uma mesma música. Dobra as tiras.

Inicia a atividade, passando as tarjetas aos participantes, para que cada um retire uma, sem abrir.

Terminada a distribuição das fichas, dá o comando para que todos ao mesmo tempo leiam o título da canção e, circulando pela sala, cantem bem alto e encontrem seus parceiros de conjunto.

Após todos os grupos estarem formados, faz a apresentação dos conjuntos e solicita que cada grupo cante a sua canção.

O facilitador participa da atividade e canta com os grupos, para estimulá-los.

Em seguida, informa aos participantes que os grupos formados aqui serão mantidos para a execução da próxima atividade.

Situações e Problemas Típicos

Alguns participantes podem não conhecer a música que lhes coube.

Dicas

É importante selecionar títulos de músicas conhecidas, considerando o perfil dos participantes.

Variações

Esta técnica de separação de grupos pode ser feita com nomes de bichos, com os participantes imitando as vozes dos animais.

Divórcio

Testado e recomendado por: Rosana Tozelli

Classificação

Formar pares ou grupos de quatro ou seis membros. Favorecer a descontração do grupo. Iniciar uma sessão

Tamanho do Grupo

Todos.

Tempo

Cinco minutos.

Arranjo Físico

Participantes em pé, formando um círculo.

Vivência

O facilitador pede aos participantes para formarem pares com o companheiro que estiver ao lado, a começar do primeiro participante à sua esquerda.

Dá instruções como *mão com mão, cabeça com cabeça* etc. Os pares vão fazendo o que ele indicar.

Depois de algum tempo, grita: *DIVÓRCIO*, e todos devem procurar novos parceiros. Então, dá novas instruções como *joelho com joelho, costas com costas* etc.

Segue, pelo tempo previsto, a dinâmica descrita.

Situações e Problemas Típicos

Alguns participantes podem tentar permanecer juntos, formando sempre o mesmo par.

Dicas

Reforce para que todos busquem um novo par, mesmo na quarta ou quinta rodada, se houver.

É necessário falar alto para anunciar as novas instruções, pois a atividade é bem barulhenta.

Tenha outros comandos já preparados, tais como: *cotovelo com cotovelo, deem as mãos e girem* etc.

Não deixe que cada par faça mais que duas atividades, para que haja mudanças frequentes.

Dê ordens engraçadas para provocar risos entre os participantes, como por exemplo: façam caretas um para o outro; formem um "Y" (ou qualquer outra letra); mostrem a língua etc.

Seja prudente, naqueles locais em que geralmente não há contato corporal. O mesmo vale para turmas mistas (homens e mulheres).

O exercício pode ser usado para formar pares ou grupos de quatro ou seis membros.

Jogo das Bexigas

Testado e recomendado por: Cláudia Oliveira

Classificação

Vitalizador.

Objetivos

Apresentar a importância do trabalho em equipe aos participantes.

Tamanho do Grupo

Mínimo de cinco e máximo de dez participantes

Tempo

De cinco a dez minutos

Arranjo Físico

Sala ampla, sem obstáculos que permita a todos os participantes ficarem de pé ao mesmo tempo.

Material Necessário

- Balões de ar cheios de acordo com o número de participantes.

Vivência

Encha as bexigas, dê um nó para não esvaziar. Coloque os integrantes em círculo e entregue uma bexiga a cada um. Peça para eles utilizarem apenas uma das mãos e ficarem batendo na bexiga de modo que não deixe-a cair no chão.

A cada dois minutos o facilitador retira aleatoriamente um dos participantes, dizendo aos demais que tomem conta de sua bexiga e da bexiga do colega que foi retirado, e assim sucessivamente... até que os participantes percebam que existem muitas bexigas para poucas pessoas tomarem conta.

Observações: Nesta atividade, é importante mostrar que o trabalho em equipe é primordial, e que em uma empresa existem vários setores e/ou departamentos, onde a responsabilidade é distribuída, mas quando deixamos algo por fazer, os colegas de trabalho e a empresa são muito prejudicados.

Jogo da Bola

Testado e recomendado por: Cláudia Oliveira

Classificação

Vitalizador.

Objetivos

Apresentação, descontração, integração, aquecimento, levantamento de expectativas.

Tamanho do Grupo

Até quinze.

Tempo

20 minutos,

Arranjo Físico

Sala ampla que comporte um círculo com todos os participantes.

Material Necessário

- Uma bola.

Vivência

Instruções: Todos os participantes ficam em pé, inclusive o Facilitador, formando um círculo.

Em posse da bola, cada participante deve dizer: NOME, APELIDO e um *HOBBY.*

Iniciando pelo Facilitador, todos se apresentam.

Aquele que deixar a bola cair, passar para um participante que já se apresentou ou esquecer algum item da apresentação, recebe um *castigo* imposto pelo grupo (imitar, cantar, declamar etc.).

Variação:

Ao invés do apelido ou *hobby,* pode-se questionar: estado civil, número de filhos, expectativa diante do trabalho (com uma palavra), o que tem de melhor de si para dar ao grupo (em uma palavra). É importante haver no mínimo três questões.

Não é Meu

Testado e recomendado por: Cláudia Oliveira

Classificação

Vitalizador.

Objetivos

Integrar equipe; estimular o espírito de colaboração e responsabilidade.

Tamanho do Grupo

Mínimo duas pessoas.

Tempo

Depende do tamanho do grupo.

Material Necessário

- Bolinhas coloridas (estilo ping-pong) que podem até ser feitas com papel colorido amassado em formato de bola. Devem ser em número maior do que a quantidade de participantes.

Vivência

O instrutor joga uma bolinha para um participante e pede para que ele a passe para outra pessoas falando "Isso não é meu!". Toda vez que um participante receber uma bolinha, deve passá-la para outra pessoa falando a mesma coisa. Aos poucos, o instrutor também vai inserindo as demais bolinhas até que estejam todos jogando um para o outro e falando "Isso não é meu!"

Durante a atividade, muitas bolinhas ficarão no chão ou estarão nas mãos das pessoas, e algumas pessoas estarão se afastando pra não pegar nenhuma bolinha.

O facilitador para a atividade e faz algumas perguntas ao grupo, com relação ao comprometimento da equipe e a divisão das tarefas e também a importância da cooperação de todos na resolução dos problemas.

O Barco está Afundando

Testado e recomendado por: Rosana Tozelli

Classificação

Vitalizador.

Objetivos

Formar grupos com diferentes números de participantes, dependendo dos requisitos do exercício. Iniciar uma sessão.

Tamanho do Grupo

Todos.

Tempo

Cinco minutos.

Arranjo Físico

Participantes em pé, formando um semicírculo.

Material Necessário

- Um facilitador; sons de mar e tempestade.

Vivência

O facilitador diz aos participantes que eles devem imaginar que estão num barco que está afundando e que devem prestar atenção aos sons da tempestade.

Os botes salva-vidas podem acomodar apenas um número específico de pessoas, que irá variar de uma rodada do vitalizador para outra, conforme for sendo anunciado pelo facilitador.

Enquanto os participantes se movimentam livremente pela sala, o facilitador anuncia em voz alta “O barco está afundando, corram aos botes salva-vidas para <quatro> (ou qualquer outro número)”, de modo que os participantes correm para formar grupos de quatro. Aqueles que não conseguem encontrar o seu bote salva-vidas recebem uma advertência ou algum comentário engraçado do tipo “você vai ser devorado por um tubarão”.

Ao final do vitalizador, os três participantes com o maior número de *afogamentos* devem pagar uma prenda, tendo que cantar uma canção, fazer uma mímica ou alguma outra coisa para entreter o grupo (à escolha dos participantes: piada, exercício físico etc.).

Situações e Problemas Típicos

Alguns participantes tendem a ficar muito perto dos outros, de modo a assegurar a presença de um grupo sólido para o próximo anúncio de qualquer número.

Dicas

O facilitador deve anunciar os números em voz bem alta.

Deve dar aos participantes tarefas adicionais, enquanto circulam esperando o anúncio do próximo número, como por exemplo: “andem de costas”, “de lado”, “pulem em uma perna”, “andem de cócoras”, para assegurar que não haja subgrupos permanecendo sempre juntos.

No início, números baixos (não excedendo cinco) devem ser anunciados, para familiarizar os participantes com a regra básica do jogo. Mais tarde, será possível tornar a atividade mais divertida, anunciando números que excedam o número de participantes, por exemplo, 32, ou cantar números como 4,5, que não podem na verdade ser formados.

Este vitalizador oferece a oportunidade de definir a formação de um certo número de grupos, com número de membros definido, que possam ser necessários na sessão seguinte do treinamento.

Com a ajuda das variações, este vitalizador pode ser repetido até três vezes durante o curso, caso seja necessária uma atividade de boa aceitação para a divisão da turma em grupos.

Variações

As variações já foram parcialmente descritas nas *Dicas*. Elas consistem principalmente de:

Diferentes tipos de movimentos, a serem executados, enquanto se aguarda o anúncio do novo número pelo facilitador.

Números que provoquem um efeito engraçado, por não poderem ser formados, como 32 ou 4,5.

Rótulos

Testado e recomendado por: Cláudia Oliveira

Classificação

Vitalizador.

Objetivos

Possibilitar ao grupo experimentar sentimentos de rejeição e autocrítica, bem como exercitar argumentação e negociação.

Tamanho Do Grupo

Mínimo de quatro e máximo de vinte participantes.

Tempo

Aproximadamente 40 minutos.

Arranjo Físico

Participantes em pé, distribuídos pela sala em duplas.

Material Necessário

- Frases, palavras ou expressões confeccionadas em tiras de cartolina, com 5 cm de largura, grampeadas, de modo que se fixem nas cabeças dos participantes.

Vivência

a. Dividir os participantes em duplas.

b. Colocar, na cabeça dos membros de cada dupla, um rótulo (vide sugestões de modelo ao final), de modo que o *dono* do rótulo não saiba o que está escrito no seu rótulo.

c. Orientar que cada dupla – uma após a outra – faça a representação EXATAMENTE do que está escrito.

d. "Conversem entre si..." (é interessante que a pessoa que está com o rótulo escrito tenta se aproximar para conversar, mas não entende por que a outra pessoa está agindo tão estranho). Ao final, procederá os comentários, explicações e revelações.

Observações: Destinado a qualquer grupo, preferencialmente formado por pessoas que já trabalhem juntas ou já convivam. Aproximadamente vinte pessoas.

Sugestões de Expressões para Rótulos

Concorde comigo	Cuidado! Eu mordo
Agrida-me	Abrace-me
Ignore-me	Estou carente
Afaste-se de mim	Sou perigoso
Sou mentiroso	Ria de mim

Vamos a Uma Festa

Testado e recomendado por: Rosana Tozelli

Classificação

Vitalizador.

Objetivos

Estimular a memorização de nomes. Facilitar a integração do grupo. Criar um clima favorável ao desenvolvimento de curso.

Grupo-Alvo

Todos.

Tempo

Dez minutos.

Requisitos

Um Facilitador.

Disposição

Turma assentada, formando um semicírculo.

Passos

Todos os participantes e o facilitador devem estar com o crachá.

O facilitador convida os participantes, de maneira alegre e descontraída, para irem a uma festa.

Inicia falando que também irá à festa, da seguinte forma:

– Meu nome é ...., vou à festa e vou levar um piano; e você? (Dirigindo-se ao participante que estiver do lado.) Vai à festa?

O nome do objeto a ser levado deve rimar com o nome da pessoa que se apresenta. O participante que não coloca a rima, na apresentação, é *barrado na festa*. Isto não é dito.

O participante indicado deve falar o nome do facilitador, o que ele levará, o seu próprio nome, o que levará e dirigir-se ao colega que estiver ao seu lado: e você? Vai à festa?

O outro deve falar o nome do facilitador, o que ele levará, o nome do colega anterior, o que ele levará, seu próprio nome o que levará para a festa e repetir a pergunta, da forma já citada.

O último participante deve repetir todos os nomes e o que cada colega levará para a festa.

O facilitador repete a pergunta, no final, para os participantes que foram barrados.

Situações e Problemas Típicos

A turma pode ter dificuldades em perceber a senha de acesso à festa (rima do nome com o objeto levado).

Alguns participantes podem ter dificuldades para repetir todas as informações.

Dicas

É bom que seja feito um teste inicial para esclarecer a dinâmica do exercício e que seja criado um clima de cooperação, de modo que os participantes se ajudem mutuamente na repetição dos nomes e não se sintam arguidos.

Variações

A senha (rima) pode ser trocada, por exemplo: nome e objeto com a primeira letra do nome do participante.

Capítulo 6: Estudo de Caso

"A única coisa que se aprende e realmente faz diferença no comportamento da pessoa que aprende é a descoberta de si mesma."

Carl Rogers

Estudo de Caso

Cláudia Oliveira

Case ou estudo de caso é um tipo de técnica de simulação que pode ser utilizado em vários processos na área de recursos humanos.

As técnicas de simulação são utilizadas nos cargos que exigem relacionamento interpessoal, como direção, gerência, supervisão, vendas, compras, contatos etc.

As técnicas de simulação são usadas como um complemento do diagnóstico, ou seja, o profissional é submetido uma dramatização de algum evento relacionado ao papel que irá desempenhar na organização, fornecendo uma visão mais realista acerca de seu comportamento futuro.

Quanto à Estrutura pode ser:

- Dirigida
- Não dirigida

Apresentamos alguns casos que podem ajudá-lo.

A Consultora *Pisou na Bola*

Cacilda Lorentz e Wagner Barreiros

Ana Lúcia, profissional competente, atuando em diversas empresas em todo o país, identificada pela CAPRA Concessionária de Veículos, foi contratada para pesquisar e estruturar o Plano de Segurança Organizacional e do Trabalho, sendo que o forte desta tarefa era a atividade de pesquisa em outras empresas.

A reunião de contratação ocorreu tranquilamente e definiu-se um cronograma para apresentação do Programa, após 45 dias de consultoria.

Passam-se quarenta dias e a Contratante pede à secretária que ligue para Ana Lúcia, confirmando a reunião.

Surpresa: Ana Lúcia manda dizer que o material não está pronto e que em menos de quinze dias não conseguirá atendê-los.

A empresa decide convocar a Consultora e formalmente demonstrar sua frustração, apresentando as consequências para a CAPRA. Por exemplo: a equipe de Recursos Humanos perderia o percentual na participação dos lucros decorrentes de seu planejamento estratégico porque a pesquisa não foi entregue no prazo combinado.

I) Você, como presidente da CAPRA, qual (quais) medida(s) tomaria?

   1. Rescindir o contrato;
   2. Renegociar prazos já assumindo as consequências.
   3. Contratar um parceiro para reforçar o trabalho da Consultora.

4. Divulgar no mercado a incompetência da Consultoria.
5. Demitir o Gerente de Recursos Humanos, pela péssima contratação.
6. Contratar outra Consultoria, negociando novos prazos.
7. Outras que você julgar mais adequadas. Especifique.

II) Justifique sua decisão.

Reflexões:

Você como gerente da área de Recursos Humanos, contratante da consultora:

1) O que poderia ter realizado para evitar que este tipo de problema acontecesse?
2) Diante do problema instalado, o que pode fazer para resolver a situação?

Você, como presidente da CAPRA, qual (quais) medida(s) tomaria?

Temas trabalhados:

- Gestão de contratos;
- Administração de conflitos;
- Tomada de decisão.

Agroville

Cacilda Lorentz e Wagner Barreiros

Uma empresa de produtos e serviços, denominada Produção Diversificada de Grãos e Leite, situado em um município no interior do estado, é conhecida na região por Agroville - nome fantasia, é um pequeno laticínio que possui 51 empregados.

No seu quadro de pessoal possui um gerente geral e dois supervisores, um específico na área de grãos e o outro no laticínio. A Agroville, propriedade de um grupo econômico da Capital, possui uma fazenda que apesar de ser considerada rentável e produtiva pelos administrados (gerente e supervisores), apresenta dificuldades de ordem tecnológica e de gerenciamento, evidenciado quando se pretende conciliar a grande colheita com os equipamentos existentes, que já estão velhos e parcialmente danificados. Além disto, também apresenta dificuldade na venda e distribuição dos seus produtos de laticínios, cujos preços não estão sendo mais considerados competitivos, devido aos altos custos de produção.

Os proprietários, percebendo a necessidade de reestruturar a Agroville, marcam uma reunião para analisar alguns aspectos e tomar decisões, que com certeza terão impacto no futuro da organização.

Reflexões

Analisando os dados apresentados, você como um dos proprietários da empresa deverá identificar:

1) Que outros aspectos organizacionais seriam relevantes para a:

- Tomada de decisão;
- Planejamento de ação imediata para resolver as situações-problema apresentadas;
- Possibilidade de intervenção no nível gerencial;
- Estabelecimento de uma logística adequada ao negócio.

2) Estruturar ações estratégicas de desenvolvimento da Empresa para os próximos anos.

Temas Trabalhados:

- Diagnóstico.
- Planejamento Estratégico.

A Prioridade é o Cliente

Cacilda Lorentz e Wagner Barreiros

Em uma grande campanha de vendas de apartamentos novos e usados, a WG Empresa Construtora, reconhecida no mercado imobiliário de Belo Horizonte, recrutou e selecionou trinta novos corretores.

O perfil destes contratados era o seguinte: entre 30 e 40 anos de idade, experiência no setor, otimistas, flexíveis, bons negociadores, simpáticos e acima de tudo isso, pessoas que gostam do que fazem.

Inicia-se a semana da oportunidade, no grande salão de vendas.

D. Hélia (68 anos), professora aposentada, proprietária de um apartamento de três quartos, desejava trocá-lo por um de dois ou três quartos, numa melhor localização.

Foi atendida cordialmente pela recepcionista que logo a classificou: cliente permuta e imediatamente chamou Afonso, vendedor, que por critério do setor de atendimento a clientes, estava como primeiro da fila.

Cumprimentou a cliente, apresentou-se, perguntou-lhe o nome, associou o nome da cliente ao nome de seu vizinho Hélio, puxou a cadeira, ofereceu-lhe água e quando D. Hélia estava à vontade, perguntou-lhe:

– Em que posso servi-la?

Olhando-a atentamente, escutou do início ao fim o que a cliente queria, sintetizou claramente o pedido e após a confirmação de que entendera realmente, iniciou os registros: nome completo, endereço para correspondência e novos contatos, descrição do apartamento que lhe era oferecido, descrição do desejo do cliente.

Iniciou seu trabalho, utilizando o microcomputador à sua disposição; identificou três alternativas que poderiam analisar e antes que dirigisse novamente à cliente, o telefone toca e Afonso atendendo-o, diz:

– Por favor, retornarei seu telefonema assim que atender a D. Hélia.

A cliente, encantada com o atendimento, educação e respeito, agradeceu aquele gesto tão gentil e passou a conhecer as propostas.

A primeira, 15% mais cara; a segunda, melhor localização e 20% mais cara e a terceira opção, um lindo apartamento de dois quartos, bem próximo de um de seus filhos.

D. Hélia interessou-se pela última opção, mesmo não tendo escutado o valor do apartamento. Perguntou quando poderia ver, se podia levar um dos filhos para ver também, a que horas podiam ir, se existia comércio por perto, como era a vizinhança, quais as opções de ônibus, quanto tempo de construção do prédio e mais e mais perguntas, que foram prontamente respondidas.

Afonso registrou local e hora para apanhar a cliente e seu filho. Perguntou à D. Hélia se precisava de mais informações, acompanhou-a até a porta e despediu-se.

D. Hélia, impressionada, encantada pelo excelente atendimento que lhe fora dado, pensou quase que em voz alta: *"Assim eu quero."*

1. Analisar o padrão do atendimento concedido à D. Hélia, verificando:
    - As etapas do atendimento;
    - A negociação estabelecida;
    - A comunicação facilitadora da decisão de compra;
    - A disponibilização de todos os dados necessários ao fechamento do negócio.

2. Propor outras ações que possam elevar esse atendimento ao nível de excelência.

Temas Trabalhados:

- Atendimento ao cliente.
- Treinamento.

Clínica Santa

Cacilda Lorentz e Wagner Barreiros

Serviços: Atendimento Médico-Hospitalar-Odontológico à cidade e microrregião.

- A Clínica tem 32 anos de existência, mantendo como Diretores seus quatro sócios fundadores, que fazem questão de gerenciar, atender, fechar negócios, acompanhar os trabalhos dos diversos médicos e dentistas que ali trabalham. São centralizadores e autoritários.
- A remuneração e os salários praticados estão abaixo do mercado, os profissionais assalariados querem fazer greve; os prestadores de serviços reclamam dos preços definidos pela Diretoria.
- O atendimento é precário e caro; a clínica mantém convênio com associações locais e SUS.
- Existe registro de discussões entre os filhos dos sócios que já estão *ajudando* o pai na clínica.

1. Analisar
   - Estilos gerenciais dos sócios x estilos atuais mais adequados;
   - Clima de trabalho, motivação dos colaboradores e prestadores de serviços, imagem institucional da organização;
   - Relacionamento com os clientes, fornecedores e parceiros;
   - Processo sucessório – manutenção ou não da estrutura familiar.

2. Estruture um plano de ação que contemple todos os aspectos analisados.

Temas trabalhados:

- Liderança.
- Gestão.
- Clima Organizacional.

Construjóia

Cacilda Lorentz e Wagner Barreiros

Produtos e serviços:

Fornecimento de material de construção em geral e prestação de serviços de instalação.

Número de empregados: 25.

Gerenciamento:

Um Dono, um Gerente de loja, um Gerente Administrativo-Financeiro.

Outras funções de Maior Responsabilidade:

Um Comprador, um Representante/Vendedor nas cidades vizinhas.

Existem dois problemas a serem resolvidos:

- A inadimplência de seus clientes.
- Uma alta rotatividade de empregados, falta de comprometimento e consequentemente muito desperdício e retrabalho.

1. Analisar:
   - Possibilidade de melhor atração gerencial (internamente/externamente);
   - Fatores intervenientes na qualidade de mão de obra;

- Necessidade da existência do representante/vendedor.

2. Estruturar ações de RH, gerenciamento e clientes.

Reflexões:

Como você resolveria os seguintes problemas:

1) A inadimplência de seus clientes.
2) A alta rotatividade de empregados, falta de comprometimento e consequentemente desperdícios e retrabalho.
3) Analisar:

- A possibilidade de melhor atração gerencial (internamente/externamente).
- Fatores intervenientes na qualidade de mão de obra.
- Necessidade da existência do representante comercial.

4) Estruturar ação de RH, gerenciamento e clientes.

Temas trabalhados:

- Recursos Humanos.
- Estrutura Organizacional.

Ferros Ideal

Cacilda Lorentz e Wagner Barreiros

A empresa conhecida como Ferros Ideal (nome fantasia), reconhecida no local em que atua, trabalha com produtos laminados, canaletas, tubos e outros processos de chapas. Atualmente possui 200 empregados e tem a seguinte estrutura organizacional:

- Presidente, dois assessores (Jurídico e Marketing).
- Diretoria de Produção e Tecnologia:
  - √ Suporte de Produção e Suporte de Tecnologia.
- Diretoria Administrativa:
  - √ Suporte de RH, Suporte Financeiro, Suporte de Serviços Gerais.
- Diretoria Comercial:
  - √ Suporte de Vendas Internacionais, Suporte de Vendas Brasil.
- Diretoria de Suprimentos:
  - √ Suporte de Compras, Suporte de Estoque.

A Empresa tem cerca de oito anos, estabilizada no Mercado, situação financeira em dia.

A Tecnologia empregada é moderna e os custos de produção adequados aos mercados.

Além dos gerentes acima, existe um quadro gerencial intermediário composto de vinte e um especialistas nas diversas áreas de atuação.

Entretanto, face às novas necessidades e oportunidades do mercado atual, a Ferros Ideal precisa introduzir algumas mudanças, estabelecendo uma nova configuração, de forma a permanecer, conquistar melhor posição no mercado e se consolidar.

Reflexões:

Diante das necessidades e oportunidades do mercado atual, estabeleça uma nova configuração para a empresa, de modo a consolidar e melhorar a posição atual que ocupa no mercado.

Diante das necessidades emergentes, procure fazer as seguintes análises:

1. Manter a situação financeira em dia não prejudica o aporte de verbas para expansão?
2. É suficiente ter *custos de produção adequados*?
3. A estrutura gerencial está adequadamente dimensionada e alocada?
4. Como introduzir as mudanças necessárias? Elabore um plano de ação.

Temas trabalhados:

- Diagnóstico.
- Mudança organizacional.

O Cliente Disse não ao Fornecedor

Cacilda Lorentz e Wagner Barreiros

Arnaldo, atacadista de cereais, conhecido e respeitado comerciante de Teófilo Otoni – MG, necessitava conhecer e comprar uma nova tecnologia de movimentação e estocagem de seus produtos no armazém geral.

Sem dúvida, preparou-se para viajar, avisou a família e dirigiu-se à VI Feira de Produtos Cereais, num grande centro comercial do País.

Afinal, decidido o que comprar, quando e como pagar, prazos de entrega, custos com fretes e também encantado com o ótimo atendimento dado pelo vendedor, iniciou a compra. Sorrisos dos dois lados, vamos à emissão do pedido e assinatura do cheque.

Surge um impasse: Arnaldo, o cliente, teria que dar um segundo cheque para trinta dias, o que ele não fazia, uma vez que não emitia cheques pré-datados de sua empresa. O fornecedor, por outro lado, não trabalhava com cobrança naquela praça, não emitia nota promissória, não, não e outros *nãos*.

O cliente compreendeu todos os *nãos* dados pelos proprietários daquele *negócio*, levantou-se e voltou para o interior de Minas Gerais.

Reflexões:

Diante da exposição acima, analise:

1. Aspectos positivos e negativos do atendimento.

2. Valores pessoais envolvidos na negociação.
3. Aspectos jurídicos envolvidos.
4. Postura de negociação do fabricante.
5. Estabelecer um plano de ações alternativas para possibilitar o fechamento de novas vendas.

Temas trabalhados:

- Negociação.
- Relação cliente e fornecedor.

Poupança Mais 0,5%

Cacilda Lorentz e Wagner Barreiros

Venda feita, sorrisos entre as partes, sonhos a realizar com os recursos financeiros e o apartamento adquirido. A cláusula nove dizia: "*Decorrente do financiamento a ser efetuado, o Comprador pagará os juros da Caderneta de Poupança mais 0,5% ao mês, quando da assinatura da Escritura*".

Quatro longos meses se passaram, impacientemente Ramiro esperava pela Escritura e quitação final do apartamento. Humberto morava no apartamento, conforme combinado, e sempre ligava, dando notícias sobre o financiamento, uma vez que era gerente do mesmo banco financiador.

Um telefonema acontece e o agente financeiro comunica a liberação do dinheiro. UFA!

Após sete dias e vários telefonemas, Humberto, o comprador, marca o encontro com Ramiro para *conversar*, pacientemente. Ramiro se prepara para o encontro, pensando: *Três correções no valor da poupança de cada mês mais 0,5% ao mês são, aproximadamente vinte e uma moedas.*

Residência do Ramiro, domingo à tarde, Humberto chega e após um rápido bate-papo inicia a negociação. Ramiro abriu o Contrato, leu a Cláusula, buscou a planilha que havia preparado e perguntou: *"Como você quer pagar ?"*

Humberto, apresentando argumentos financeiros do alto custo do dinheiro, da demora na liberação dos comprovantes, da burocracia da Prefeitura e do próprio agente financeiro, das despesas com a mudança para o novo apartamento, concluiu: *Tenho sete moedas, é o que posso pagar.*

Reflexões:

Diante da situação exposta acima:

1) Simule a negociação e busque a máxima *ganha-ganha*, onde tanto Humberto quanto Ramiro ficarão satisfeitos, fazendo novos e bons negócios no futuro.
2) Trace um paralelo desta situação com processos de negociação dentro das organizações, levantando aspectos comuns e possíveis alternativas.

Tema trabalhado:

- Negociação.

O Desafio da Coerência entre Discurso e Prática

Cacilda Lorentz e Wagner Barreiros

Sala de aula cheia, último dia da primeira semana de um longo curso de pós-graduação, o professor conduzia uma atividade de auto e hetero conhecimento e iniciava-se um processo de *feedback* onde o grande objetivo era aprender sobre relacionamentos afetivos, identificando o processo, as etapas e a importância de *feedbacks* diretos e esclarecedores.

A turma estava dividida em duplas, de acordo com o interesse de cada participante. O professor acompanhava a atividade, tudo ocorria tranquilamente. O grupo estava animado, as duplas trabalhavam ao mesmo tempo. *Era um falatório só.*

De repente, uma voz feminina destacou-se das demais e todos escutaram em altos tons: "Você me respeita, isso eu não permito". Beatriz atravessa rapidamente a sala.

Paulo, cabeça baixa, ficou na dele. O grupo fez de conta que não viu.

Jorge, o professor, acompanhou discretamente a aluna e colocou-se à disposição. Beatriz ainda nervosa, narrou-lhe o fato: o colega aproveitando-se do momento havia lhe falado: "Desde rapaz sempre te amei, só não transo com você porque é casada!".

Reflexões:

Você como facilitador, que atitude tomaria?

a) Daria espaço para a participante narrar o fato para o grupo.

b) Diria ao grupo o que aconteceu, recomendando que tomassem cuidado para que fatos semelhantes não voltassem a ocorrer.

c) Chamaria os dois em particular para tratar a questão.

d) Evitaria fazer qualquer tipo de interferência.

e) Pediria a um outro casal para simular o fato ocorrido.

f) Chamaria Paulo às falas, particularmente.

2. Justifique sua(s) escolha(s).

Temas trabalhados:

- Administração de conflitos.
- Relacionamentos interpessoais.
- Liderança.

Saia Justa! "Um Dia Inusitado". RH, o Que Fazer?

Thamara Santiago

Este caso relata uma situação vivida por uma equipe de profissionais de Recursos Humanos que trabalhavam em uma empresa de Telecomunicações. A empresa era reconhecida no mercado Mineiro e passava por um processo de expansão. Por este motivo precisava contratar em 45 dias 300 novos atendentes, ou seja, tinham que garantir a existência de mais uma célula de atendimento no prazo especificado. A equipe era bastante engajada e promoveu todas as ações para captação dos profissionais. Trabalharam intensamente para atingir o objetivo proposto. Foram várias turmas de seleção com dinâmicas de grupo, entrevistas individuais, testes de informática, português e psicológico. Processo seletivo completo. Foi uma experiência bastante enriquecedora devido a variedade de perfis que passaram pela seleção, ao todo aproximadamente 750 candidatos. Após conclusão de todo o processo de Recrutamento e Seleção iniciava-se o processo de Admissão. Eram os profissionais do Departamento de Pessoal e SESMET que cuidavam desse processo. O RH apenas agendava o dia de entrega de toda documentação. Afinal, o que de diferente aconteceu? No dia de entrega da documentação percebeu-se um tumulto anormal nos corredores da empresa e elevadores. Em todos os setores que os profissionais de RH passavam escutavam murmúrios e/ou risadas. Esses profissionais não estavam entendendo nada até que o telefone da Gerência de RH tocou. Era o Diretor da empresa. Imediatamente todos foram convocados para uma breve reunião. Toda a equipe de RH não estava compreendendo o que ocorreu e o porvir. O diferente é que um dos profissionais selecionados pelo RH tinha uma atividade extra e foi para o processo de admissão caracterizado de Travesti. Este foi o motivo do tumulto na empresa. A Gerente de RH abordou o profissional. Ele justificou que devido ao horário de agendamento da admissão, 15:00h, não conseguiria retornar até a sua casa, em um bairro afastado, e voltar a tempo de chegar no outro local de trabalho no horário acordado. Posicionou que escolheu trabalhar com *telemarketing*, inclusive, por conseguir conciliar a carga horária e que em momento algum isso foi dito no processo seletivo porque não considerou relevante.

Reflexões:

Você, como Diretor dessa empresa, considerando o tumulto gerado, qual (quais) medida(s) tomaria junto ao setor de Recursos Humanos?

Justifique sua decisão.

Você como gerente da área de Recursos Humanos, gestora da equipe de recrutamento e seleção:

- ✓ O que poderia ter realizado para evitar que este tipo de problema acontecesse?
- ✓ Diante do problema instalado, o que pode fazer para resolver a situação?
- ✓ Considerando todas as etapas do processo de recrutamento e seleção, houve falha da equipe na seleção do profissional? Justifique sua resposta.
- ✓ Caso considere que houve falhas no processo de seleção, qual ação você tomaria junto à equipe de seleção e, especificamente, com o profissional que o selecionou?
- ✓ Ao abordar o candidato, qual orientação você lhe daria?

Temas trabalhados:

- Administração de conflitos.
- Tomada de decisão.
- Gestão de equipe.

Seleção

Cacilda Lorentz e Wagner Barreiros

1998 – Ano da Graça esportiva!

Após quatro anos de intensa preparação, "Paris é uma festa". Milhões de reais gastos e a Seleção Brasileira ganha o primeiro jogo; ganha o segundo...

Nesse jogo, Dunga, o capitão da equipe, briga com Bebeto, atacante, e por pouco quase seriam expulsos.

Se você fosse Zagallo – o técnico da seleção naquela oportunidade – poderia tomar uma das seguintes medidas:

1. Conversar, reservadamente, com cada um deles.
2. Ignorar e continuar as preleções técnicas.
3. Punir os dois.
4. Conversar apenas com um deles.
5. Incentivar que cada um procure o outro e resolva.

Escolha a alternativa que você considera mais adequada e prepare-se para defender seu ponto de vista num segundo momento do trabalho.

Temas trabalhados:

- Liderança.
- Administração de Conflito.

Servfácil

Cacilda Lorentz e Wagner Barreiros

Serviços: Advocacia, Contabilidade, Informática, Compra e Venda de Imóveis, Administração de Consórcios e Agenciadora de Seguros.

Estrutura funcional: Dois sócios (Pai e Filho). O Pai Advogado, o Filho Contador recém-formado.

- A Empresa tem três anos de funcionamento e já desponta como uma empresa de resolução de problemas, na cidade.
- Pai e Filho ainda não encontraram nenhuma dificuldade, seja no atendimento aos seus clientes, seja nas questões financeiras.

1. Analisar:
    - Qual o foco do negócio.
    - Possibilidade de expansão (local ou em outra cidade).
    - Estrutura funcional necessária.
    - Competências necessárias para fazer o negócio continuar sendo sucesso.
    - A gerência do negócio.
2. Estruturar ações de desenvolvimento da Empresa para os próximos anos.

Lembre-se: "Nem o sucesso do passado, nem o sucesso no presente garantem o futuro".

Temas trabalhados:

- Planejamento Estratégico.
- Arquitetura Organizacional.
- Empresa Familiar.

Soft TX

Cacilda Lorentz

A Empresa de Soft TX é uma empresa familiar de TI que iniciou em uma pequena sala, há dez anos, fruto da realização de um sonho de dois irmãos João Luiz Rocha e Ricardo Rocha. Com experiência na área, os irmãos queriam ter um negócio próprio. Abriram a empresa e começaram a desenvolver programas específicos para área de gestão. A empresa foi crescendo, priorizando um atendimento individualizado aos clientes e diferenciando dos concorrentes pela qualidade dos serviços prestados.

João Luiz, ambicioso e determinado, queira ver a empresa crescendo, decidiu pela contratação de dois amigos e trouxe sua esposa para coordenar a área comercial, investindo pesado na busca de novos clientes. Resolveu participar de algumas licitações, e em momento propício conseguiram fechar alguns contratos importantes, aumentando consideravelmente o volume de projetos da empresa. A empresa precisou fazer contratação de novos funcionários. Por ter um temperamento mais calmo e tranquilo, foi decidido que Ricardo conduziria o processo de seleção, realizando as entrevistas dos candidatos e decidindo pela contratação, junto com o irmão. A empresa foi crescendo e mudaram para uma casa em um bom ponto comercial.

Hoje, a Soft TX tem um nome conhecido no mercado, e um quadro com 185 funcionários. Todavia, o ambiente interno familiar e de amizade do início foi substituído por ambiente de pressão, cobranças e algumas disputas internas, comentam os poucos funcionários que estão na empresa desde o início. A rotatividade da empresa tem atrapalhado os negócios, sendo que alguns clientes têm se queixado da substituição de analistas no desenvolvimento de alguns projetos, o que atrasa a conclusão e até mesmo a qualidade dos trabalhos e a satisfação com resultados. Chegaram a perder um cliente por esses motivos.

As demissões e novas contratações têm ficado sob responsabilidade da Supervisora do Departamento de Pessoal. João Luiz, acha que é importante buscar profissionais com maior experiência e competências diferenciadas, mas como este mercado está aquecido, estes profissionais estão sendo muito disputados e a política de remuneração da empresa não é muito competitiva no mercado, o que dificulta a captação de bons profissionais. A empresa resolveu então implantar alguns benefícios, adotando um bom plano de saúde para seus funcionários extensivos aos seus familiares e *tickets* alimentação e refeição. Todavia, essas ações não foram suficientes para eliminar as insatisfações. Os funcionários continuaram a reclamar dos salários, das discrepâncias de valores entre funções similares, inclusive existindo queixas de alguns supervisores por receber bonificações desiguais.

A maioria dos técnicos é jovem, e alguns até coordenam grupos de pessoas, mas não são reconhecidos nem remunerados como gestores. A saída de dois funcionários que solicitaram na justiça equiparação salarial, trouxe grande prejuízo à empresa. Ricardo acha que é necessário mudar alguns processos e convenceu João Luiz a contratar um profissional de Recursos Humanos para *organizar as coisas* e melhorar as *relações internas*.

Contrataram uma empresa especializada para selecionar este profissional, que assumiria a nova função de Coordenação de RH, e ficaria diretamente subordinada à direção. Ao chegar à empresa, a nova Coordenadora Maria das Graças, com quatro anos de formada, e um curso de especialização em Gestão Estratégica de Pessoas, recebeu da Diretoria muitas demandas para atender. Entre as prioridades estava a estruturação de um Plano de Cargos e Salários, que era uma grande expectativa dos funcionários. A estrutura de cargos era confusa, com algumas nomenclaturas pouco usuais e com diferenças salariais acentuadas. Não havia normas claras sobre contratações, bonificações, promoções, aumentos de salários e sobre os valores a serem pagos aos novos contratados. O ambiente de trabalho é acelerado, poucas normas e nítidas distinções de tratamentos dispensados a alguns funcionários pelos diretores. A situação é crítica, os problemas já são antigos e a insatisfação é crescente entre os funcionários.

Reflexões:

1. Coloque-se no lugar da coordenadora de RH:

- ✓ O que deve ser feito para identificar adequadamente as principais demandas da empresa?
- ✓ O que deveria ser considerado para elaborar um programa da remuneração? Justifique.
- ✓ Que providencias devem ser tomadas para reduzir o *turnover*? Explique.
- ✓ Elabore um plano de ação para a estruturação da área de RH.

Temas Trabalhados:

- Diagnóstico organizacional.
- Gestão de Recursos Humanos.
- Análise do clima organizacional.

Supermercados

Cacilda Lorentz e Wagner Barreiros

Um dos melhores Supermercados de Belo Horizonte está passando por um momento de grande expectativa, face à mudança de seu principal Gerente.

Até então, as vendas estavam regulares. Permanece o desafio de atingir as metas definidas para o ano que, uma vez alcançadas, proporcionarão uma viagem à Disney para um dos quatro Gerentes, conforme sorteio.

A estrutura da Empresa é a seguinte:

Um Diretor Superintendente, com seu Assessor de Qualidade

Dois Gerentes de Vendas (atacado e varejo)

Um Gerente de Compras, com seus Subgerentes Administrativos e o Subgerente do SAC – Serviço de Atendimento ao Cliente.

O faturamento está caindo, a inadimplência ocorrendo, a comunicação externa não chega até o cliente. Tudo isto está trazendo uma grande insatisfação na equipe.

Elabore estratégias de intervenções que contemplem o planejamento a curto, médio e longo prazos.

Estabeleça ações visando dois aspectos principais:

- Correção das distorções atuais no desempenho do Supermercado.
- Alavancagem dos resultados.

Temas trabalhados:

- Mudança.
- Relacionamento com cliente.
- Planejamento.

Um Caso de Amor à Primeira Vista

Cacilda Lorentz e Wagner Barreiros

Por que você não compra com ela? pergunta o amigo, Pedro.

A conversa foi-se arrastando até que, em determinado ponto, resolveram os dois amigos – Marcos e Pedro – voltar à loja e *vivenciar* todos os acontecimentos novamente.

Naquela manhã, Marcos levantou-se, pensou no dia de trabalho: reuniões com o gerente de sua empresa, almoço com os pais e, à tardinha, quem sabe, um chope.

Escolheu cuidadosamente a roupa que usaria: a calça preta de linho, a camisa de uma leve estamparia, muito bonita, e sapatos combinando com o cinto.

O problema surgiu logo pela manhã: não tinha meias nem pretas, nem brancas para usar, estavam na lavanderia. Pensou: "Preciso comprar mais dois pares de meias, um preto e outro branco, passo na loja no horário do almoço". E assim, calçou sem muita satisfação a meia marrom.

Entrou na loja, vitrines sugestivas e variadas, moças bonitas e alegres atendendo. Teve uma sensação de que não seria atendido, mesmo não sabendo o porquê. Um tempo depois, Marli, três anos de comércio, acompanhou-o discretamente pela loja e abordou-o na seção de meias.

Marcos, prontamente, pediu: "Quero dois pares de meias, um branco e o outro preto". Ao escutar isto, Marli torceu o nariz, arregalou os olhos e pensou: "Que perda de tempo! Sair da fila para vender dois pares de meias! Hum, Hum...".

Marcos, ao mesmo tempo assustado com aquele atendimento e mantendo-se educado, fez novamente o pedido e nem sequer obteve resposta. Marli já havia se entretido com um outro cliente ao lado, que escolhia um blazer.

Marcos, surpreso com o corte, a cor e o tecido do blazer, chamou outra atendente e comprou o blazer, as meias, cuecas e um pijama que há muito precisava.

Isto sim que é amor à primeira vista!

1. Analisar:
    - Conceitos e preconceitos presentes no atendimento.
    - Preparo da vendedora Marli para fazer o atendimento.
    - Atitudes e comportamentos do cliente durante a compra.
2. Você, como observador/consultor presente na loja, o que recomendaria ao gerente dessa loja, visando captar e fidelizar o cliente?

Temas trabalhados:

- Atendimento ao cliente.
- Capacitação profissional.
- Autoconhecimento.

Urgente

Cacilda Lorentz e Wagner Barreiros

Consultor atento aos compromissos já agendados e às novas oportunidades de prestação de serviços, Gilberto sempre que viajava telefonava para o seu escritório.

Sua secretária avisa-lhe que Solange, Gerente de Recursos Humanos da FGE, empresa até então não cadastrada como cliente, aguarda um retorno com urgência, para um possível trabalho.

Gilberto telefona duas vezes do Rio de Janeiro, aguarda contato e, não conseguindo, resolve deixar para a semana seguinte, quando estaria no escritório.

Um novo contato é feito e Solange requisita uma reunião para o dia seguinte, às 8h em ponto.

Às 7h 50 min. Gilberto chega à FGE e aguarda o início da reunião, que só começou às 8h 45 min. A cliente solicita a ele que envie uma proposta até às 18h daquele dia. Enfatiza na ocasião que se a proposta for aprovada, a implementação ocorrerá a partir de 48h da apresentação da mesma.

1. Analisar:
    - A necessidade de uma abordagem mais cuidadosa, por se tratar de um novo cliente.
    - Até que ponto se trata de um projeto de *urgência urgentíssima.*
    - A possibilidade de apresentar um projeto de resultados em menos de 8h.

2. Estabeleça uma estratégia de atuação que considere as necessidades da Empresa Cliente e as do Consultor.

Temas trabalhados:

- Administração do tempo.
- Diagnóstico da situação.

Use seu Tempo para ter Saldo Positivo em sua Conta Bancária Emocional

Luana Souza

Uma consultora em Desenvolvimento de Pessoas e *Coaching* de Carreira foi contratada para prestar serviço em uma construtora de grande porte no acompanhamento do Programa Engenheiro *Trainee*. Um relato comum entre os 60 jovens é que gostariam de ter mais tempo para realizarem todas as entregas demandadas pela companhia. Eles sentiam-se ansiosos, com dificuldade de lidar com um ritmo de vida cada vez mais acelerado, com fortes pressões por resultados, competições, jornada de trabalho intensa, e tinham a percepção de que o tempo estava passando rápido demais. Queixavam-se também que vida pessoal e a saúde estavam postas de lado.

Em sua experiência na atuação em diversos papéis como psicóloga, *coach*, professora, consultora de RH, esposa e mãe, ela também tem percebido o quanto gerenciar o tempo e cuidar das relações interpessoais tem sido uma questão desafiadora para diferentes profissionais, executivos, alunos, pais e amigos.

Era comum ouvir seus clientes dizerem que, se tivessem uma chance de voltar no tempo, mudariam e fariam tudo diferente para ter uma vida melhor, mais equilibrada e com menos estresse. Relatavam que a família acabava ficando em segundo plano, restrita aos sábados, domingos e olhe lá. Os projetos pessoais estavam sendo substituídos por necessidades mais urgentes e consequentemente as pessoas estavam percebendo que não estavam cuidando de si mesmas.

Esse cenário pode parecer extremo, mas é a realidade de muita gente hoje em dia. A sociedade já aceita como normal esse ritmo desenfreado. Tiramos *selfies* a todo momento, mas deixamos de olhar nos olhos das pessoas. Deixamos de abraçar as pessoas no dia do seu aniversário e enviamos mensagens instantâneas. Estamos com dificuldade de priorizar o que realmente faz sentido, diante de tantas demandas e excesso de informações. Para não termos a sensação de estarmos desconectados e ficando para trás, buscamos conexões tecnológicas, *tablets*, celulares que tiram foto até debaixo d'água, internet, TV, Whatsapp, Linkedin, Facebook, Twitter etc. O relacionamento no mundo moderno passou a ser sinônimo de redes sociais.

Diante dessa perplexidade, se você prestar atenção irá descobrir que por mais visceral que seja a mudança, algo permanece, não muda. Alguma coisa que sente emoção, medo, prazer e que tem necessidades fundamentais: reconhecimento, crescimento, amor, afeto. Ao contrário do computador e das máquinas, o ser humano é altamente falível quando se trata de armazenar informações, mas é incomparável para captar o sentido. E não é à toa que a palavra sentido vem de sentir. Ter momentos de pausa para sentir é escolher entrar em contato com os nossos sentimentos, e isso é fundamental para os nossos relacionamentos. Descobrir o que de fato você quer, o que pretende deixar como legado, o que é importante e pode fazer a diferença hoje e a longo prazo.

A consultora propôs para seus clientes descreverem sua rotina em suas 24 horas, lembrando que todos tinham os mesmos 1440 minutos por dia. Mapeou as escolhas que eles faziam em sua rotina, definindo o que era considerado importante, urgente e circunstancial, através da ferramenta tríade do tempo. Alinharam o que eles pretendiam deixar como legado, o que era realmente importante e que podia fazer diferença nos resultados atuais e a longo prazo para eles mesmos e para a companhia.

Foi realizado um seminário com os *trainees* para discutirem sobre o uso da conta bancária emocional. E em que consiste a conta bancária emocional?

No livro *Os 7 hábitos das pessoas altamente eficazes*, Stephen Covey coloca como o terceiro hábito a qualidade dos nossos relacionamentos. E explica de forma metafórica que nosso relacionamento com alguém é como uma conta bancária onde podemos fazer diariamente depósitos e retiradas, e ainda ver o saldo da conta quando quisermos.

A conta bancária emocional é uma metáfora que descreve a quantidade de confiança que acumulamos nos relacionamentos. Faz-se retirada, ao tecer comentários que invalidam o outro, falar mal dos ausentes, dar ouvidos às fofocas e trair a confiança. Outra frequente retirada é a postura de julgar e acusar antes de perguntar. Agindo assim, sem ouvir os dois lados, pode-se cometer injustiças. Ser digno de confiança torna-se cada dia mais uma característica que agrega muito valor à pessoa. Quem não se orgulharia de receber esse elogio?

Sabe-se que a queda de confiança deixa contas bancárias no vermelho. Algumas pessoas fazem diariamente saques automáticos na conta dos colegas. Deixam de dar reconhecimento, mentem, adiam questões importantes. Outros são ásperos, indiferentes aos acertos, calam-se diante das condutas vitoriosas, são incapazes de elogiar, estão sempre em dívida com os colegas de trabalho. Para a Programação Neurolinguística, comportamento é resposta de comportamento. A relação de confiança depende do investimento feito nesta conta bancária emocional, que ao longo da convivência afasta ou aproxima as pessoas, recebendo créditos ou débitos.

Segundo Covey, os seis principais depósitos da conta bancária emocional são:

- ✓ A compreensão do outro indivíduo, fazer ao outro o que deseja que façam a você;

- ✓ Prestar atenção às pequenas coisas que as pessoas dizem, entender que gente é feita de sentimentos suaves e emoções intensas;
- ✓ Honrar os compromissos assumidos, garantir a credibilidade;
- ✓ Esclarecer as expectativas, colocar em negociação todas as expectativas;
- ✓ Demonstrar integridade pessoal, gerar confiança;
- ✓ Pedir desculpas sinceras sempre que necessário.

No seminário, os *trainees* refletiram sobre a questões seguintes:

Analisando a sua rotina e a forma como você organiza seu tempo e prioriza seus relacionamentos, saque cinco minutos de suas 24 horas para repensar:

1. Será que você está administrando bem a sua conta bancária emocional ou ela está no vermelho?
2. Se você tivesse uma chance de voltar no tempo, permaneceria com os mesmos comportamentos ou faria algo diferente para ter uma vida melhor, mais equilibrada e com menos estresse?
3. Qual legado você quer deixar para o mundo e qual marca você quer deixar para as pessoas que são importantes para você?
4. E por que não cuidar do hoje e de como estamos nos relacionando com as pessoas?
5. O que você escolhe fazer com o seu tempo?

Ao final, a consultora realizou uma roda interativa de diálogos e dois jovens quiseram compartilhar o aprendizado extraído naquele seminário:

"Enquanto o saldo na conta bancária emocional estiver positivo, o resultado dos relacionamentos será satisfatório e conduzirá a uma melhor interação humana, com vínculos mais fortes. Onde não há confiança, afasta-se a possibilidade de um trabalho em equipe com criatividade. Não existindo sinergia entre o trabalho desempenhado por cada *trainee*, os níveis de cooperação serão baixos, deixando assim o saldo negativo. " Tales, 22 anos.

Vinicius, de 21 anos, concluiu que a conta bancária emocional é sim uma conta de grande relevância a que devemos dedicar tempo, atenção e cuidado todos os dias. Uma reserva de confiança abundante exige depósitos contínuos. Nossos relacionamentos exigem depósitos frequentes. Sua conta com as pessoas exige cuidado para construir a confiança no time.

A consultora reforçou com o time dos *trainees* que se de fato nos organizarmos e nos comprometermos na busca de nossos objetivos, com motivação, entusiasmo e foco, certamente estaremos mais dispostos a enfrentar os obstáculos do dia a dia. Quando estamos satisfeitos com o que fazemos e vemos resultados reais, consequentemente atingimos uma melhor qualidade de vida. Escolher investir no processo de *Coaching* é uma forma de potencializar os resultados e conquistar uma jornada equilibrada rumo ao sucesso em seus relacionamentos interpessoais, melhor gestão de si e de priorização de seu tempo. Mudar e ter sucesso dependeria de cada *trainee* ter foco, disciplina, planejamento e cuidado com a qualidade de seus relacionamentos.

Temas trabalhados:

- Gestão de si.
- Gestão do tempo.
- Planejamento.
- Qualidade dos nossos relacionamentos.
- Foco.

Volto Amanhã

Cacilda Lorentz e Wagner Barreiros

Luciano, dez anos de experiência em vendas em uma grande distribuidora de bebidas no interior de Minas Gerais, estava atendendo um cliente no seu estabelecimento quando o mesmo, após comprar várias caixas de cerveja e refrigerantes e combinar a promoção de um bingo para o domingo seguinte, fez-lhe um pedido:

"Gostaria que a Cerveja TOC (grande marca de cerveja nacional) colocasse um toldo para proteger seus clientes, em dias de sol muito forte, ou melhor ainda, naqueles dias chuvosos".

Luciano, sem saber o que falar, disse apenas: "Volto amanhã para conversarmos".

Saiu preocupado, fez outras visitas e à tardinha, voltando ao escritório, narrou e registrou a solicitação do cliente ao Supervisor Comercial, que aguardaria o Diretor Comercial, que por sua vez teria que levar a solicitação para a Reunião Gerencial, que ocorre todas as quintas-feiras, ou seja, o Luciano deveria aguardar dois dias para obter a resposta.

Nos dois dias seguintes, Luciano evitou passar em frente àquele cliente, mesmo à noite, pois estava morrendo de vergonha por não ter a melhor resposta.

Enfim, no sábado pela manhã, entrou no estabelecimento do cliente, cabisbaixo, *sem graça*, e ouviu do Sr. Custódio: "Luciano, não precisa mais, a VIG vai instalar o novo toldo hoje, às 15 horas".

Irritado, Luciano perguntou-lhe: "Mas como?"

O Sr. Custódio, pacientemente, contou-lhe: "Assim que você saiu, chegou o Lucas, da VIG (outra grande marca de cerveja) e contei-lhe o que estava querendo. Lucas pediu-me licença para telefonar para o seu Supervisor, que imediatamente autorizou a colocação do toldo. O supervisor ainda orientou o Lucas para que aguardasse a sua visita no outro dia, conforme o nosso combinado. Como você não voltou e nem deu notícias, autorizei o Lucas a trazer o toldo".

Luciano, nervoso com o que acabara de ouvir, simplesmente disse: "Volto amanhã... para o bingo".

1. Analisar:
    - Causas intervenientes no modo de condução do trabalho de Luciano.
    - Possibilidades de ação não consideradas por ele.
    - Como o comportamento ético se manifesta nesse caso.
    - Atitudes do Luciano no decorrer da história.
2. Estabeleça estratégias para uma ação eficaz do Luciano.

Temas trabalhados:

- Ética.
- Tomada de Decisão.
- Procrastinação.
- Assertividade.

QUALITYMARK EDITORA

Entre em sintonia com o mundo

Qualitymark Editora Ltda.
Rua Teixeira Júnior, 441 - São Cristóvão
20921-405 - Rio de Janeiro - RJ
Tel.: (21) 3295-9800
Fax: (21) 3295-9824
www.qualitymark.com.br
E-mail: quality@qualitymark.com.br

Dados Técnicos:

• Formato:	14 x 21 cm
• Mancha:	11 x 18 cm
• Fonte:	BookmanOldStyle
• Corpo:	11
• Entrelinha:	13
• Total de Páginas:	392
• 1ª Edição:	2017